创新的秘密

迪斯尼、乔布斯
和尤努斯们是如何成功的

杰弗里·A. 哈里斯◎著
叶硕　谭静◎译

译林出版社

图书在版编目(CIP)数据

创新的秘密 /（美）哈里斯（Harris, J.A），著；叶硕，谭静译. —南京：译林出版社，2015.9

书名原文：Transformative Entrepreneurs

ISBN 978-7-5447-5645-7

Ⅰ.①创… Ⅱ.①哈… ②叶… ③谭… Ⅲ.①企业创新-研究 Ⅳ.①F270

中国版本图书馆CIP数据核字（2015）第165605号

书　　名	**创新的秘密 迪斯尼、乔布斯和尤努斯们是如何成功的**
作　　者	［美国］杰弗里·A. 哈里斯
译　　者	叶　硕　谭　静
责任编辑	陈　锐
原文出版	Palgrave Macmillan, 2012
出版发行	凤凰出版传媒股份有限公司 译林出版社
出版社地址	南京市湖南路1号A楼，邮编：210009
电子邮箱	yilin@yilin.com
出版社网址	http://www.yilin.com
经　　销	凤凰出版传媒股份有限公司
印　　刷	南京爱德印刷有限公司
开　　本	880毫米×1230毫米 1/32
印　　张	10
插　　页	4
字　　数	167千
版　　次	2015年9月第1版 2015年9月第1次印刷
书　　号	ISBN 978-7-5447-5645-7
定　　价	45.00元

译林版图书若有印装错误可向出版社调换
（电话：025-83658316）

TRANSFORMATIVE

ENTREPRENEURS

目 录

TRANSFORMATIVE

ENTREPRENEURS

引　言

据说，19世纪的哲学家、作家拉尔夫·沃尔多·爱默生曾经说过：“哪怕你能做出一只更好的捕鼠器，全世界的人都会踏破门槛来找你。”其说法虽妙，其中却有谬误。所谓成功，指的不是做出更好的捕鼠器这件事本身，而是使捕鼠器商业化。创造性的确至关重要，但是只有当创意落到实处，当创意真的创造出价值时，人们才会来找你。发明，并不完全等同于创新。二者或许会相伴而生，然而只有真正的商业天才，才能将它们紧密结合起来。

“发明”（invention）一词在词典中是这样被定义的：“发明，是经由研究和实验所得出的新的工具或新的方法。”在这个定义中，我们找不到任何有关“有用”“物美价廉”，或是“解决了普遍存在的困难”等字眼。在美国，只有约10％的专利申请，能够包含有意义的、可以造福普通民众的商业价值——无论这种价值是直接的还是间接的。发明往往是创新的先导，在发明产生了一段时间后，创新则会为将来的发明奠定基础，从而为艺术、政治、商业和科技的进步提供强大的再生引擎。在这个建设性过程中，发明与创新互为基础、互相促进，从而产出更多的创新成果，推动社会和全球经济的发展。正如我们所看到的那样，在自第二次工业革命开始的一百五十年间，变化的速度一直在加快，这也同样导致了从发明到创新的时间跨度不断地被压缩。

历史上不乏这样的例子：伟大的发明家穷困潦倒一生，科学家们虽坐拥数不清的专利，却从未将专利成果变为惊人的销量。亚历山大·格雷厄姆·贝尔就是这样一个传统典型，他虽然是一位发明家，但不能算是一位创新家。1876年，他申请了“语音电报”的专利，并据此建立了全新的交流方式。然而，缺乏野心和技巧的他，未能把这项伟大的发明变为一桩生意。要把“电话”这一概念转化为实用设备，意味着需要制造自动配电盘，安装电话线，并且销售出足够数量的电话机——毕竟还需要有人来接听你拨出的电话。正如英特尔联合创始人、集成电路共同发明人鲍勃·诺伊斯所言，“商人是不可能自己发明电话机的。这件事必须由一位特立独行者来完成——那个从事聋哑人教育的人竟然动了如此疯狂的念头，要通过一根电线来传递人类的声音……而商人则不同，他会在进行商业化之前先做市场调查；但是，由于电话机根本不存在，因此他会作出

‘电话机市场等于零’的结论”。诺伊斯强调了发明家、创新家和生意人的术业有专攻，即便在各司其职的时候也是如此。幸运的是，西奥多·威尔拥有足够多的商业技巧，他创办了美国电话电报公司（AT&T），将贝尔激动人心的发明变成了一桩生意，让“贝尔系统”这个名字响遍全国。

托马斯·爱迪生则是个例外。他注册了约1100件专利，这使得他成为了美国历史上最伟大的专利持有人之一。他曾说过：“如果一项发明无益于帮助别人，我就不会去完善它……这个世界需要什么，我就去发明什么。”他发明了私人电报机、股票报价机、电影、电椅、留声机，以及一种能将声波放大的核心技术，这项技术使得电话的广泛使用变为可能。爱迪生明白，发明白炽灯泡本身仅仅是一种“新奇的玩意儿”，除非他能够设法把灯泡装在物美价廉而又安全可靠的配电系统上。他努力为自己的风险投资筹措资金，设立了相关机构，开发了规模化生产流程，围绕着他的发明来构建自己的商业帝国。他发明、组装、商业化地推广发电机，使其能够大规模地传输个人与商家都能够用得起的电力，最终创造了我们现在享有的方便生活。总而言之，爱迪生的发电设施和用电设备，在一起形成了强大的组合，这也为通用电气公司的发展奠定了基础。

约瑟夫·熊彼特，这位19世纪出生于奥地利的经济学家，提出了“创造性破坏”背后的概念，即“仅仅制造出令人满意的肥皂是不够的；诱导人们去清洗东西同样是必要的”。对于一个产品、服务或发明来说，必须存在一个市场，才能使它真正具有吸引力或有意义的接受程度。如果某种产品、创意或技术缺乏在市场中的接受度，它们就会逐渐消亡。这并不是因为很多发明“不具新意”或对某些人“索然无用”；也不是因为大多数发明都“不够聪明”——在很多情况下，它们都是有用的、充满新意和智慧的。然而，除非有足够多的人能以一种对于我们的生活和工作都会产生巨大意义的方式来使用这些发明，否则这些发明本身就并未创造太大的价值。如今，这个世界几乎被太多的发明所淹没，已经超越了我们使用它们的能力。只有那些可以支撑人们想购买的产品和服务的技术，才会被人们接受，而其他的发明则会惨遭抛弃，直到有人可以开发出一种可以将其商业化的正确商业模式。

所谓创新，说的就是关于将新想法、新产品、新服务和新技术商业化。我们以很多方式促进创新，然而并不存在什么“正确的方式”或“错误的方式”，并不存在一种我们都可以遵循的被证实的像“饼干模子”一样的创新模式，或是什么秘密菜谱。有些人是在经历了多年的科学研究与市场调研后，得出了一个高明的计划，其他人则可能只是有了一个“灵光一闪的时刻”——大多数创新，还是由一个简单的想法开始的。其后，在与真实世界面对面的过程中，伴随着竞争中的反应、变化的监管环境、不断涌现的管理人才，以及起伏不定的资本市场，它们会得到长时间的修改和调整。我们可以提出共同的主题和它们之间的共性，这也正是本书所要探索的，但是成功的创新并没有确定的公式可以遵循，特别是对于有争议的创新来说更是如此。幸运的是，我们可以从很多深谙如何将别人的发明或新想法变得流行并获利的人士留下的精彩范例中，学到很多东西。

“企业家（创业家）”（entrepreneur）在词典中被定义为“一位组织与管理某家企业（特别是一桩生意）并通常具有相当大的首创和风险精神之人士”。企业家们对于在创立和实现新生意、新想法和新做事方式的尝试中的失败，早已做好了充分准备——不论他们是为了利润还是社会效益，是身处起步初期的公司还是大企业，也无论他们是否基于财富的驱动。企业家要去承担风险。他们是准备好犯错误的，但是他们并不期望这样。正如亨利·福特曾经说过的那样：“如果你认为你可以，你就是可以的；如果你认为你不行，你的想法也是正确的。”

哈佛大学著名企业史家艾尔弗雷德·D.钱德勒说过：“所谓企业家，就是一位开发新产品和新流程、新的市场和供应资源、设计新的组织形式，给生产和分配重新塑形的创新者。”然而，并不是所有成功的企业家都是伟大的创新者。例如，比尔·盖茨是有史以来最有成就的企业家之一，但绝大多数人根本不会因微软公司曾经从外部引入变革创新而对这家公司加以谴责。1975年，当比尔·盖茨刚读完大二就从哈佛大学辍学之后，他来到了新墨西哥州的阿尔伯克基市。在那里，盖茨采取了“快速跟随者”战略，笃信“赢家通吃”的信条，开始将微软公司打造成有史以来最赚钱的企业之一。我们应该为这些成就欢呼，但并不要将其与创新混为一谈。类似地，理查德·布兰森爵士已经为我们带来了各种各样的产品和服务，从可乐到航空公司和音乐出版，从零售行业到手机通讯，这也使得他的维珍品牌在世界各地发扬光大。以上堪称辉煌的成就，都反映了他们精湛的商业技能，但都很难称得上是变革型企业家。另外，作为有史以来可能是最成功的企业家，约翰·D.洛克菲勒在钻井、运输、石油精炼方面锐意进取的经营策略，终将标准石油公司打造成为20世纪初美国近乎垄断的企业——当时美国的国内生产总值只有900亿美元，而他一个人的“净价值”就超过了10亿美元。他根本没有将自己的成功建立在发明或新技术上；相反，这种成功来自他对产业规模化的巨大好处和庞大力量的惊人理解，以及其后为巩固快速增长的石油业务制定和实施的一系列战略。

著名的作家和管理顾问彼得·德鲁克说：“创新是企业家手里的特殊工具，他们以此为手段来利用变化，并将其作为开展新业务或提供新服务的契机。”这些企业家或创新者，对于如何满足客户的需要，有一种本能的理解——往往在客户知道“自己的确有这方面需求”之前，他们就能做到这一点。但是，要想实现商业上的成功，他们不仅要找准时机，还必须吸引外部资金，设计和推出有足够竞争力的经济实惠的产品或服务，组织和建立分销渠道，为公司搭建一个内部组织架构，有时还需要兴建生产设施。以上这些，都必须在经济上具有足够的吸引力，才能够创造并支持可持续发展的经营性企业。

虽然，绝大多数成功的创业企业并未将其鹤立鸡群的状态一直保持下去，但它们当中的很多带来了卓越的创新，使其显赫一时：艾达·罗森塔尔和她的“媚登峰”（Maidenform）胸罩，在提高舒适性的同时，突出女性的妩媚造型，为大众带来赏心悦目的感受；迈克尔·戴尔推出的订制低成本个人电脑；巴斯金·罗宾斯提供的31种冰淇淋口味选择，让人们在每个月的每一天都有不同的美味；贝瑞·戈迪的摩城唱片提供的金曲工厂；让·内蒂奇的世界知名瘦身管理品牌“慧优体”（Weight Watchers）；罗素·西蒙斯的嘻哈街舞音乐风格；雷·克罗克的麦当劳特许经营快餐店提供的汉堡包、炸薯条和人尽皆知的“金色拱门”；威廉·莱维特的流水线式廉价住房；金吉列品牌的剃须刀和一次性刀片；杰夫·贝索斯的网上零售商店亚马逊（Amazon）；以及马克·扎克伯格的社交网络服务脸谱网（Facebook）；等等。这些仅仅是一组随时间推移而不断增长的列表中选出来的几个例子，它们反映了整个创业者群体的聪明才智，以及创造力和不屈不挠的精神。这些企业家找到了合适的方法来实现他们的领导能力，以一种新的方式影响了一个经济部门，找到了一个值得开拓的细分市场，建立了可持续发展的企业。

《创新的秘密》专注于极大影响了世界、颠覆了现有市场或锻造出新市场的真正的创新和企业家们。其目的并不是贬低所有其他人“创新+改善”的努力，而是对那些孕育了巨大成功，并在生产率、生活质量、教育、交通运输、金融、娱乐等方面带来阶跃函数般改变的条件和实践加以更好地理解。

在创新和创业精神的土壤中，精英们所创建的企业经受住了时间、竞争压力、监管变化、代际转移，以及不断革新的技术的考验。他们当中的大多数是有创造力的人，但却并非那些奠定本行业基石的科学突破的首创者。他们的绝活儿并不是去“首创”，而是在于将别人的原创想法加以完善和提高，并将所需要的资源归集到位，让企业起步、成长，并加以维护。他们拥有很好的想法，很好的执行力，但一切的一切在于将流程理顺——这绝非易事，而且是事业成功的一个重要因素，尤其是对那些试图改造自己所处市场的企业来说。

约西亚·韦奇伍德并不是陶器或瓷器的发明人，但在那个时代——大多数英国人在吃饭的时候，使用的是木质和铅锡合金的食器——他就能够认识到，随着18世纪英国民众收入的增加，就意味着许多男人和女人有了足够的钱可以花在非必需品上，如瓷器。韦奇伍德利用了第一次工业革命期间的社会经济变化，建立起了一家经营高品质产品的国际企业，并使其得以迅速成长，利用新的制造和营销技巧，打造了一个世界顶尖品牌——“韦奇伍德瓷器”。这是一个以高品质、独特设计与精美工艺而立足的品牌。他决定为他的产品开发出一个高端的形象，并为其运用了各种技巧，如获得贵族的代言，获得皇家认证，提供退款保证，免费送货，在伦敦和巴斯建立零售展示室，并雇用营销人员来推广他的商品和开发新的消费领域。韦奇伍德具有一个企业家的创造力和商业技能，并有足够的远见和魄力，来执行这一积极进取的策略。他的公司得以生存下来并发展壮大，而在他开业时就早已存在的其他陶瓷公司，到1800年之前就几乎关门殆尽了。

同样地，乔治·伊斯曼也并不是照相机的发明人，但他却有惊人的创造力。在纽约州罗切斯特市当地一家银行一天的工作结束后，他晚上还在不知疲倦地工作。在19世纪末期，伊斯曼推出了首款面向大众市场的照相机。当时的照相机非常昂贵，售价高达50美元，而且需要经过大量的训练和实践才能够熟练运用。伊斯曼这位经验丰富的会计师，力求为摄影爱好者开发出这样一款照相机：价格便宜，操作方便——这基于他将胶片做成胶卷的创意。1900年，他推出了一款照相机“柯达布朗尼”，零售价仅为1美元，这让摄影成为了人人都能玩的爱好。鲜明的黄色包装，“柯达”这一完全原创的品名，公司的响亮口号——“你只要按下按钮，其余的就交给我们”——全部出自伊斯曼一人。他意识到，如果缺乏有创意的营销，仅凭照相机这个产品，是无法取得成功的。他是一个各式各样广告的积极用户。在他的一生中，伊斯曼还在慈善事业方面留下了深深的足迹，他的总捐赠额超过一亿美元，包括以其名字命名的罗切斯特大学伊斯曼音乐学院。

沃特·迪斯尼并不是动画短片、游乐园和电视节目的发明人，然而，他却是第一个将它们放在一起的。他在20世纪中期就表现出创造独特卡通人物，然后通过技术、媒体、分销渠道和销售等手段进行交叉营销的能力。这个概念看起来已经做得相当不错，时至今日公司的执行力依然堪称卓越。

史蒂夫·乔布斯不是个人电脑、图形用户界面、数字音乐播放器、电脑手写板或智能手机的发明人。然而，苹果公司找到了办法，极大地提高了这些产品的功用和性能，并以时尚的工业设计来整合它们，从而以溢价销售产品，同时提供周到的软件和服务，打造出了成功的商业模式。

霍华德·舒尔茨并不是咖啡厅的发明者，居伊·拉利贝特也不是马戏团的发明者。然而，星巴克咖啡和太阳马戏团都通过在“破旧草皮”般的市场上打造全新类型的企业，重新定义了他们的市场。

拒绝接受现状，让他们的企业脱离了停滞不前的商业模式，为他们的目标市场引入了一种完全新奇的体验。

拉里·佩奇和谢尔盖·布林并不是互联网搜索引擎的发明人。在20世纪90年代后期，包括雅虎公司在内的许多公司，都在向互联网用户提供在万维网上快速和全面获得所需内容的服务。然而，在1996年同时完成斯坦福大学博士学位的学习之后，佩奇和布林开发出了一种新颖的方法，极大地提高了互联网搜索的质量，然后于1998年建立了他们自己的公司——谷歌公司，向市场推出了这种新的技术。谷歌公司的巨大商业成功，本是源于该公司从序曲服务公司“借来的”一种商业模式，这种模式将广告投放与搜索结果捆绑在一起。然而，谷歌的高级搜索技术和“按位置付费”广告模式的积极商业化，推动它成为历史上最成功的公司之一。

罗伯特·斯旺森和赫伯·博耶博士，则的确是生物技术产业的发起者。在1976年，这个仅仅包括一个新手企业家和一位加州大学旧金山分校教授的小团队，每人投资了500美元的自有资金，就开始探索如何通过从基因层面改造细菌来创造新的蛋白质。利用他们的新公司——基因泰克公司，他们引入了一个全新的过程，让科学走出实验室，进入商业领域，研发新的药品，于是产生出巨大的药用价值和商业利润。

对于任何企业来说，安于现状都很危险。如果一个组织、一个企业或一位艺术家不思进取，那么它（他）注定将被淘汰。有时，这种消逝的速度会异常之快。“死亡螺旋”的跨度有时会持续几十年，但结果几乎总是相同的。虽然很多人还在怀念那些“好日子”，但在大多数情况下，它们并不会比今天更好。

进步是文明的命脉。持续不断的进化与偶尔的非军事革命，在推动社会前进，并创造更高的生活水准、新的艺术形式和不同的思维方式，让生活保持新鲜有趣。有时候，这种进步缓慢得如婴儿在蹒跚学步；有时候，则会轰轰烈烈地改造我们的世界：回想一下19世纪末期的电力，20世纪末期的互联网，也许下一个就是新千年的可再生能源。

尽管在过去的二十年中，这种时间的框架有所压缩，变革式创新往往会花费很长的一段时间。我们很少能够看着它到来，直到它开始成为我们正常活动中的一部分。有时，全新的技术会为它的发生提供催化剂，但事实上并非总是如此。例如，当弗雷德·史密斯在20世纪70年代初期构想出隔夜送达的包裹递送业务，接着就创建联邦快递将他的想法付诸实施时，这项新服务的基石并不是什么高精尖技术。同样，休·海夫纳创立了《花花公子》杂志——这份出版物从20世纪50年代开始，在美国文化中引发了大规模的变革。詹姆斯·劳斯的房地产开发项目，旨在对疲弱不堪的工业区进行市区重建，如波士顿的法尼尔大厅、纽约市的南大街海港，以及巴尔的摩的内港；再如穆罕默德·尤努斯在孟加拉国创立的格莱珉银行，开创了成功而广泛的微型金融事业，以帮助那些深陷永久贫穷怪圈的人们。这些都在提醒我们，巧妙的构思创意，加上有效的执行和背后强大的领导力，足以开创有意义的变化和价值。

当我们假扮历史学家来回首过去的几十年时，我们看到了那些实质性的变化根本无法用“每天如何如何”来形容。虽然这种现象曾经在美国和部分西欧国家最为流行，但时至今日，这种现象由于人口、文化和社会方面的原因，更广泛地出现于亚洲、中东和南美洲的发展中国家，而且有愈演愈烈之势。

每一代人中，都会在世界各地出现有创造力和创业精神的人们，他们对现状不满，没有耐心再忍受。他们想使我们的生活变得不同，而且往往向着更好的方向发展。他们被各种力量所激励着，而金钱通常仅仅是列表中最不重要的那个因素。这些男士和女士，都是有冲劲、有细心、有热情的个体，他们都想要推动世界前进。他们并不会在意无知者和怀疑者对他们的否定。他们看重的是结果，他们不知道失败为何物。

《创新的秘密》并不是以一种学术著作的规范、以那些商学院的研究人员或是社会科学家作为读者对象来写就的。写作本书的目的，是为了激发读者开放他们的思路，抓住一些进取心，大胆地加入创业家的行列。由于从来没有人希望一本财经书要几百页，因此本书中所展现的信息是简洁而有趣的。本书借鉴了很多历史记录，来作为对书中有关创新和创业精神观察的支持，因为通过回顾历史，你将有很多收获，能够以此作为前进的基础。正如美国前总统哈里·杜鲁门一再提醒他的同事时说的那样，“世界上并没有什么新鲜事，只有你并不知道的历史”。

仅仅通过“好创意”的优势来研究创新行为，本身就是一个大错误。这样做的问题是，它会不公平地最小化“在及时和经济的基础上利用可获得的有限资源做成事情”的压力、紧张和挑战。通过强有力的领导管理，对稀缺资源的调配，以及有说服力的营销和高效的制造，来实施这种“好创意”，才能够真正分出输家和赢家。这个世界充满着变数——有些是宏观的，有些则是微观的——实时的战略调整和商业执行力，是推动创新成功的关键。仅凭那些“好创意”本身是站不住脚的。“好创意”也不会凭空蹦出来，而是随着时间的推移，随着市场和真实世界条件的反应“磨”出来的。创新型企业并不只是“好创意”的“函数”，而是“好创意”在实际运用中，经过量体裁衣的调整后瓜熟蒂落的产物，背后往往是非常坚定的领导力。

有时候，商业创造力的确来自新发明或新技术，但在大多数情况下，则是有能力慧眼识别其他人“忽视”的东西。达姆·安妮塔·罗迪克——全球连锁环保香皂和化妆品零售专卖店“美体小铺”（The Body Shop）的已故创始人说过，“精神错乱者和创业者之间，只隔着一层窗户纸……疯狂的人能够看到和感受别人无法体会到的东西。”创新者们能够看到机会。他们并未将障碍物看作一种障碍，而是将其看作需要克服的挑战。事实上，对于他们来说，跨越障碍和击败挑战正是创业吸引力的一部分，创业诱惑的一部分，每天激励的一部分。

大多数的人都非常安于现状。他们拒绝改变，他们会放弃尝试新的东西或新的机会，因为他们可能无法成功。他们能够为那些新产品、新服务或新的思维方式找出一切不可接受的原因，甚至认为世界上没有一个人能接受它们。每对应一个乐观主义者，就有很多个悲观主义者。美国有线电视新闻网（CNN）的创始人泰德·特纳说：“如果你有一个创新的想法，而且大多数人并不对它嗤之以鼻，那么很有可能，你的创意并不是什么好创意。”对我们来说，用一种与塑造我们目前生活环境的现状完全不同的情境来观察这个世界，是一件非常困难的事情。这正是因为我们缺乏想象力和创造力，无法超越“此时此地”——在像冰川一样缓慢的变化步伐中，我们会感到更舒适自在。正如亨利·福特曾经说过的：“如果我问人们他们想要什么，他们会说‘更快的马’。”

对于我们大多数人来说，看到未来，是一件很有挑战性的事情。历史上，有很多个人和企业，手中都有那只能够生金蛋的鹅，但他们让它跑了，而并没有意识到在他们面前的是一件礼物。这样的事情有很多：在1876年，西联拒绝了收购贝尔的电话专利的机会；通用动力公司本来可以拥有联邦快递公司，但它却在1973年放弃了以绝对白菜价收购它的机会；在20世纪40年代，国际商用机器公司（IBM）本有机会购买施乐公司持有的静电复印专利，但它却没有看到那个巨大的市场机遇；《纽约时报》集团在1939年的纽约世界博览会上目睹了美国无线电公司（RCA）的大卫·萨尔诺夫发明的电视，但却宣称美国人绝不会坐在那里一动不动地看电视。

《创新的秘密》着眼于人、情境、历史，以及那些能够令真正的“好创意”变成现实的因素。然而，为了能够真正体会和实现变革型创新过程中的成功和挑战，本书还讨论了一些高调、强干的人士，他们作出了创立公司的尝试，但未能成功。创新是一件很难的事情，绝大多数尝试并不会成功。如果缺乏正确的领导、适当的市场条件、政府和社会的力量、风险资本——有时还要有新技术，那么大多数的创新尝试很可能并不会走得很远；而那些能够取得一定成果，并让世人为之瞩目的尝试，则更是凤毛麟角。而且，即使当所有的因素都能融合在一起，那些激情满满的企业家们有时也会头脑发昏，难以明辨对错，将自己和自己的公司推向越界甚至违反法律的深渊。

新企业的创立并不会在真空中发生。政府的政策和法规发挥了重要作用——或是提供一个相对宽松的、有利于创新和创业的环境，或是将本已几乎不可逾越的障碍变得更加难以克服。随着很多国家的经济在全球化的影响下举步维艰，创造就业机会和提高生活水平的愿望，令相关的政治辩论和文化反思层出不穷，政治领袖们也在试图炮制刺激经济活力的“灵丹妙药”。《创新的秘密》也就这个重要的方面进行了探讨，以期读者能够更好地体会世界各地的企业家们所面临的挑战。

本书将让读者们能够了解到一系列富有创造力的企业家：他们做出了巨大的成就，极大地改善了人们的生活方式，改变了我们的社会，为我们的世界带来了阶跃函数般的进步。来自世界各地的许多人士、公司和企业，都在诠释以下这一点：虽然真正的变革型创新是罕见的，但它的确发生了，而且它真的需要发生。我也希望读者们能够开始以稍微改变的视角来观察这个世界。

TRANSFORMATIVE
ENTREPRENEURS

第1章
改变世界的面貌

想象力统治世界。

——拿破仑

创业这件事，往往来自那些意想不到的人，以各种意想不到的方式发生。一份满是大型企业管理经验，外加商学院研究生学历的简历，并不能够保证创业公司早期阶段的成功。那些坚信“自己的方式是最好的，自己的方式是有效的，自己必将成功”的人们身上所表现出来的激情和毅力，其重要性要远远超过成熟的战略规划和分析。成功的创业，往往具有一种艺术性极强的特质。创造性力量和个人主义精神，在以各种方式驱动着创新，并以此来改变着我们的世界。真理往往掌握在少数人手里，但只要他们这么做了，他们就可以改变整个产业，改变经济，改变社会。

用遮盖来揭示

如果您把某种事物遮盖起来，它就会呈现出与之前不同的外观，就像遮盖它的东西那样。接下来，当你把遮盖物拿走时，你就在以一种不同的方式来看它——也许是从一个全新的角度来审视。艺术家克里斯托和他已故的妻子珍妮·克劳德，就围绕着这个简单的概念，发展出一项不同寻常的生意，以及一种艺术形式的基石。克里斯托通过将建筑物及其周围覆盖起来，使其变得更加清晰可辨。

克里斯托，这位在保加利亚出生的艺术家，和他的法国妻子在1935年的同一天的同一时刻出生。他们合作了五十多年，将其特有的创新视角和一种独特的商业模式完美地融合起来，彻底改变了我们审视周围世界的方式。在1958年，克里斯托在巴黎遇见了珍妮·克劳德，当时他受她的委托，绘制一幅她母亲的画像。1964年，他们移居到了美国。在那里，他们经过几年的多个大型项目的运作而闻名遐迩。例如：1972年，他们为科罗拉多州的一个山口，挂上了一幅巨大的橙色尼龙“窗帘”；1976年，在横跨加利福尼亚州的索诺玛郡和马林郡，他们建起了高达18英尺、长达24英里、原料为白色厚重织物的“活动栅栏”；1983年，他们用650万平方英尺的粉红色织物，将迈阿密市比斯坎湾的11个小型岛屿包裹了起来；1985年，他们又把巴黎著名的“新桥”—— 一座始建于1606年的塞纳河上最古老的桥梁——用纺织物包裹了起来。

在1991年，克里斯托和珍妮·克劳德，将洛杉矶以北地区的景观，用1660把蓝色的雨伞加以点缀，这些雨伞每一把都有近20英尺高；与此同时，在日本东京北部的农田上，他们更是竖立起了1340把同样大小的明黄色雨伞。这一“雨伞——日本和美国”的计划，成本高达2600万美元，吸引了300万人次来参观。用11万平方英尺银色布料，外加5万英尺的蓝色绳索来包裹位于柏林的德国国会大厦这一宏大计划，由于种种“政府红线”和一般民众的抗拒，经历了长达24年的时间才最终开花结果。1994年，整个德国国会在进行了70分钟的大辩论之后，才由多数人投票赞成了这一动议——这样，克里斯托才得以把他高达1500万美元的巨额自有资金投在了这个项目上，而该项目最终吸引了500万名游客参观。以上的种种努力，还仅仅是一个运作长达26年、堪称高潮项目的前奏。2005年，7503 扇高16英尺、正面以飘动的藏红花色织物装点的“巨门”，矗立在纽约市中央公园23英里的人行道上，该项目的成本高达2100万美元。他花了整整26年，进行苦口婆心的劝说和反复的重新设计，以适应多种利益群体，说服那些阻止任何对现状进行改变的反对者。估计有400万人次到公园参观展览。如克里斯托这样的成功企业家，他们善于打破障碍，如果他们坚信他们的道路是正确的，他们就拒绝接受诸如“不”这样的回答。

克里斯托和珍妮·克劳德二人，永远不会认为自己是企业家或商人。事实上，当被归入这些类别时，他们会产生强烈的抵触反应，就像他们被侮辱了一样。他们的自我形象和抱负，早已高高地飘在大众眼中的“商业动物”之上。艺术家们似乎就应该受苦；赚钱，尤其是赚很多钱这样一个概念，简直是太猥琐了，它会令他们工作的完整性和纯粹性大打折扣。尽管如此，现在克里斯托的艺术创作正在产生可观的收益，他利用这些收益再投资到他未来的创作上。正如克里斯托曾经说过的那样：“我完全可以拿了这笔钱，给珍妮·克劳德买上一座城堡，还有钻石，再在东汉普顿买上一座大宅子，还有一辆劳斯莱斯。我们并没有那样做，而是把这些钱用在建设新的项目上。”

克里斯托那富有想象力的方法，明显偏离了人们眼中的规范。过去500年来，西方艺术领域内大多数被绘制的东西，是为了挂在墙上；而大部分雕刻出来的东西，则是为了装点花园。这是为了强调一种永恒感：艺术家和慈善家们期望、渴望、希望的是，这些作品能永恒地留存下来，幸运地在某座博物馆或是苏富比拍卖会上终老。克里斯托的艺术则是完全不同的。克里斯托所设定的展期从来不超过几个星期。“包裹德国国会大厦”项目，仅仅展出了14天；而“巨门”也仅仅在中央公园矗立了16天而已。1993年，克里斯托还曾构思一个项目，是把幅宽10至12英尺半透明的织物面料，悬挂覆盖于科罗拉多州蜿蜒的阿肯色河上六英里水流湍急的河段之上。如果这一名为“河上”的计划最终得以实施，原先的设想也是仅仅展出14天后就将展品拆除，并将所有的材料进行回收利用。对克里斯托和珍妮·克劳德来说，他们的艺术本身所带有的临时特质创造了一种紧迫感，并已经成为它的一部分。如果我们对他们各个项目的大量参观与互动的人群进行一下统计，我们就会知道，他们已经实现了自己的目标。这些作品的短暂特性，恰恰增强了它们的诱惑力；而大多数人还欣赏其独特性，光线照射在纺织品上产生的美感，以及对被覆盖物和环境的强大转化力。

为某个项目开发一个创意，而这个项目还是尚不存在的东西。搭建原创的艺术作品，令这个创意得以细化；出售这些艺术作品，使该项目得以实现；最后，将该项目拆除，并回收利用其材料。该策略堪称强大，但是它的执行是非常困难的，心理承受力弱的人是绝对做不来的。如许多企业家一样，克里斯托和珍妮·克劳德之所以能够成功，正是因为他们做法的独特性，其巨大的激情和追求卓越的承诺，以及把事情最终做成的能力和长期的方向性。

克里斯托并没有只是坐在他的绘画工作室里挥动画笔，而是随着珍妮·克劳德一起，身处乡间或闹市，走进法庭、市议会听证室、银行家会议室、律师事务所、牧场主的客厅、面料生产企业的工厂，甚至乘飞机漂洋过海，与他们的工程团队定期会面。他们是艺术家，身体力行地参与到每个项目的细节。他们戴着安全帽和施工手套，手执对讲机，对规模不同的施工队进行监督：300多名工人参与了巴黎新桥的包裹工作；在日本和美国加利福尼亚州，1880名工人负责搭建并拆除那些巨型雨伞；900多名工人全心全意地搭建了“巨门”，并在展会期间在中央公园一带巡逻。把概念变成现实，需要类似军事性的组织技能和精确度。这个活动正是他们艺术的组成部分。

自筹资金

克里斯托和珍妮·克劳德的道德准则要求，他们的工作不能受到潜在影响者的干预。相应地，他们完全用自己的钱来资助项目。他们从不接受捐赠或收取入场费，也不接受赞助和广告或培养代言人。他们从来没有去拜求富裕的赞助商来资助他们的项目。克里斯托和珍妮·克劳德在项目中雇用了成千上万的人，来生产必要的原材料，并安装他们的作品。他们要向律师、环境顾问、工程师、钢铁工人和木匠们支付费用。他们还聘请了测量师、直升机飞行员、物流专家、卡车司机和起重机操作员。为了让他们的努力获得支持，并出售他们的愿景，他们花了无数的精力来面对面地游说当地的地主、农场主、农民、政治家、公众利益团体，以及众多的政府机构。在某些年份——通常指的是两个大型项目之间的年份——他们通过销售克里斯托的画作、效果图和计划项目的绘画，一年可以获得几百万美元的收入；但是，当诸如“雨伞”“包裹德国国会大厦”“巨门”大型项目出炉的年份，收藏家对其画作的兴趣会大幅度增长，他们的年销售额往往超过1000万美元。

像许多成功的商业模式一样，克里斯托和珍妮·克劳德的创造性过程听起来十分简单，简单得令人纳闷，为什么别人没有更早地采用这种模式，或是简单地模仿一下。首先，他们会为某个项目想出一个创意；然后，随着时间的推移，克里斯托会创作出数百件原画、拼贴画、版画和大型模型，以帮助他更有效地固化整个视觉效果。而珍妮·克劳德则会向个人和收藏家们出售这些艺术品，之后两位艺术家会把换来的现金，开始投入到那个极具挑战性的、把愿景变为现实的过程。他们这些项目的复杂性不亚于大型的房地产开发，而克里斯托和珍妮·克劳德的目标不是要积攒金钱，而是为了体验完成项目的快感，目睹着自己的有色织物被阳光照耀与微风轻轻拂过的感觉。如果民众们能够“重新发现”已经被他们暂时改变的风景或建筑物，这不亚于一笔“额外的奖励”。

尽管克里斯托和珍妮·克劳德从来不曾真正地将他们的艺术视为一个企业，但它事实上就是。他们拥有一个概念；他们创造了一个收入来源；他们产生了巨大的费用以及可观的前期资金需求；他们亲自承担着一个相当大的财务风险，往往将整个身家都投资在一个项目上。

在他们的工作开始时，很难明确这种策略究竟能否成功实施。这是一项之前从未被实施过的策略，没有任何相关的证据。无论是克里斯托还是珍妮·克劳德，都无法举出任何过往历史的案例，表明他们可以做到他们想做的事情，表明他们可以建立一个如此独特的企业，过上这种如此独特的生活。他们所有的项目，几乎都遇到了强有力的长期反对——当地的团体和政客，都曾试图阻止他们实现自己的目标。尽管如此，克里斯托和珍妮·克劳德还是通过“临时艺术品”创建了一个精英知名品牌。这就叫创新!

像所有变革型企业家一样，克里斯托和珍妮·克劳德改变了大众眼中的图景；在他们的案例中，无论是从象征意义上还是从实际上，他们都做到了。他们创造了一种全新的艺术和一种全新的商业模式来支持这一策略。他们是真正的创业家，但他们不同于大多数人头脑中对创业家的认识——为人贪婪，讲话速度奇快，年纪轻轻，技术娴熟。他们在逆境下不断地成功。对于他们的策略，他们实施了无数次，但每一次都以不同的形式，反映了当地社区的需求，以及每个项目的独特性。其中最令人印象深刻的是，当他们的艺术视野或是经济模型受到压力需要调整时，他们并没有偏离自己的原则。当“雨伞——日本和美国”项目在日本和美国加利福尼亚州遭受了风暴侵袭，导致一位游客惨死，克里斯托和珍妮·克劳德就立即关闭了该项目。

* * *

克里斯托和珍妮·克劳德试图通过覆盖来达到揭示的效果。对于他们来说，它是行之有效的。但是，我们也可以通过其他的方式来得到人们的重视。有时候，更加直接的方式往往被证明更为有效。休·海夫纳引发受众对他的想象的方式，则是“通过揭开的方式来达到揭示的效果”。他希望把自己的想法、习惯和个性带给一个尚未开发的目标观众群——他们渴望站到现有家庭价值观的对立面。他成功了，并且在这个过程中帮助迎来了有更多自由主义思想和观点的一代人。

带着理由来反叛

第二次世界大战之后的几年，美国的经济、政治和文化迎来了巨大的变化。冷战正酣，经济蓬勃发展，参战归来的军人们加入了一支不断扩张的劳动力大军，以使得消费品生产能够满足一个已经为此牺牲很多年的国家的需求。郊区居民则成为一支重要的社会力量。而且最重要的是，这一时期还发生了人口爆炸，出现了“婴儿潮”。全新的技术使得电视变得更加普及，其他家用消费品变得物美价廉，进一步提高了人们的生活水平。通用汽车公司引导创建了程式化小轿车的新时代。在经济方面，人们的可支配收入以高个位数的年增长率增长，中产阶级俨然成为一个庞大且不断扩大的群体。虽然在战争期间妇女一直扮演着劳动力主要供给者的角色，但在战后的年代中，生活水平还是有大幅度提升——尽管妇女们又回归到家庭中扮演传统角色，使得每个家庭中出外谋生的人数减至一人。此时的所谓“时尚”，基本上指的是身着商务西装、白衬衫、系领带的男士（这一时尚在斯隆·威尔逊1955年出版的书籍《灰色法兰绒西装的人》中得到了纪念）；而女性则穿着礼服，裙摆要低于自己的膝盖以下。这是一段保守的时光。然而，它也是出现了摇滚（“猫王”）、“垮掉的一代”以及民权运动的十年。

1956年，著名的新闻记者迈克尔·华莱士在其充满挑衅性的电视新闻节目“晚间爆料”（NightBeat）中采访了休·海夫纳，直接问他：“你在出售的是一种高档的脏书，是不是真的如此？”海夫纳回应道：“没有，在这里有一个重要的区别。性爱永远是这本书的一个重要组成部分，因为性是男人最感兴趣的一件事情……我们不会将其隐藏起来……我认为这是一个非常健康的事情。”带着这种态度和理解，海夫纳推出了自己强大的商业模式和独特的消费品牌，同时改造了美国社会，并最终证明幻想有时会成真。他强大的创业驱动力，加上挑战现状的欲望，重塑了社会文化，而他的成功则帮助他建立了自己的个人生活方式，这集中体现了他的世界观。极少有商人能够像休·海夫纳那样，成功地创造了体现自己的产品。

出生于1926年的海夫纳，在芝加哥的一个传统的中产阶级家庭中长大。早在高中时，他就表现出了开始创业的冲动。当时，他创立了一家小报社。第二次世界大战结束之前，他曾在美国军队中短暂服役。退役后，海夫纳就读于伊利诺伊大学。在那里，他急于弥补因从军而“失去”的时间，在短短两年半的时间里，就获得了他的学士学位。他成为了校报的活跃分子，绘制漫画，还编辑了校园幽默杂志——《轴》（*Shaft*）。在杂志的预览宣传中，海夫纳推出一个叫作“本月热女”的板块，该板块深度报道了校园里一位有吸引力的女性，并刊登了她的照片，对她的日常活动和兴趣爱好进行了描述。

1948年，美国著名性学专家阿尔弗雷德·C.金赛发表了他轰动一时的报告——《男性性行为》，在该报告发表后的短短两个月中，销量即高达20万份。在对数百人进行了采访后，金赛和他的同事们发现，人们的性行为方式与流行假设中的美国性标准背道而驰，这恰恰反映了性观念的松动。海夫纳在杂志《轴》中撰写了一篇社论，强调了金赛这一调查结果的重要性，称它“也许是1948年最重要的一本书”。

海夫纳大学毕业后回到芝加哥。他从事了一系列的工作，但并没有发现其中有任何令他非常满意的。海夫纳在连轴转地给别人打工的过程中，获得了无数与出版公司打交道的机会，这令他得以了解了整体的杂志市场；同时，通过结识印刷商、报刊亭经销商和杂志分销商，他还建立起了营销网络。1950年秋天，尽管在和他的大学同学结婚后肩上的责任更重了，海夫纳仍旧感受到了创业的冲动，并着力于开拓自己建立企业的可能性。他酝酿了一个杂志的创意，他称之为《脉动：芝加哥的图片杂志》。他着手联系那些潜在的投资者，但他却无法筹集到足够的资金。

而后，对之前这些工作不满意的海夫纳，此时决定成为一名大学教授。他于1950年开始就读于西北大学研究生院。在那里，他写了一篇论文，题为《性行为和美国法律》，其中探讨了美国管制性行为的那些繁杂的法律规定。在该文中，海夫纳写道："人的道德生活，只要不伤害别人，就是他自己的事，这种自由裁量权应该是留给他自己的。"

1951年，仍然对满足他的创作冲动兴致盎然的海夫纳，成功地实现了他的第一个出版计划——《步履蹒跚的城市：对芝加哥礼仪和道德的粗暴嘲弄》。《芝加哥每日论坛报》将其描述为："这是一部漫画书，其中大不敬地对芝加哥的习俗进行了讽刺……书中所刊登的图片，会被《时尚先生》（*Esquire*）杂志认定为，对其受众来说'过于色情'"。封面上刊登的照片，是一位脱衣舞女在桌子上跳舞，周围环绕着面带笑容、手执酒杯的男子。这本书在当地算是获得了成功，为海夫纳在当地的电台和电视节目中提供了媒体曝光的机会。

挑战传统

海夫纳现在遇到了“创业瓶颈”。1953年初，他决定再次尝试创立自己的杂志。他的理念很简单：创建一份以男士为受众的杂志，杂志中要展现他心目中20世纪50年代的这一代男性。在当时，大多数针对男性人群的杂志都把视野集中在户外。海夫纳则寻求向不同的细分市场进军——城市男性渴望的生活方式——他比其他任何人都理解得更加透彻：或许，通过把与性相关的内容加以华丽而有深度的包装，他就可以获得成功。海夫纳为他的杂志独创了一个“必胜配方”，使其能够经受来自整个清教徒式美国的批评。杂志会对性活动加以推广，但在契合男性对性生活的兴趣的同时，他给它披上体面的幌子，避免引起他们的尴尬。这是一个堪称冠冕堂皇的概念，他为此也体现了很有韧劲的执行力。

要创办他的新企业，海夫纳需要少量的外部资金。他所在的本地银行以其公寓里面的家具作为抵押，给他提供了600美元的贷款。而海夫纳的父亲并不喜欢这个概念，也不会为他提供任何资金；但他的母亲和弟弟，每人给他赞助了1000美元。最终，他从朋友和家人那里一共筹得 8000美元作为营运资金，添置了一台打印机，还发展了一位分销商，办公地点就是他公寓里的一张牌桌。他原先为这本新杂志起的名字叫作《雄鹿党》（*Stag Party*），封面是一头头顶鹿角的雄鹿形象，身着晚间睡服，斜靠在壁炉上，手里挥舞着烟斗和一个马提尼酒杯。而在从一份名叫《雄鹿》的狩猎刊物那里收到一份“禁止令”之后，海夫纳将期刊名改为《花花公子》（*Playboy*）。这个新名字让海夫纳不得不重新设计他的标志：他用一只兔子的头取代了原先的雄鹿。

为了让杂志与众不同，海夫纳借鉴了他之前在大学校报用过的“本月热女”板块的创意，创建了一个叫作“本月甜心”的板块。在成为好莱坞最性感女明星之前的1949年，玛丽莲·梦露还仅是一个为挂历拍摄裸体照的模特儿。海夫纳了解到，芝加哥的约翰·鲍姆加斯公司拥有这些挂历照片的版权，但从未公开发表过它们。因为美国邮政有“禁止通过邮件发送淫秽材料”的规定，该公司不愿意把照片邮寄过来。而海夫纳并不为所惧，他抓住了机会，驱车直接到该公司，以500美元的价格买下了玛丽莲·梦露的这些照片。现在，他真的有了些独一无二的东西。

海夫纳利用他当发行经理时的交际圈子，开始对《花花公子》的创刊号进行推广。杂志上将会刊登出玛丽莲·梦露的挂历裸照——这足以挑逗起全国级分销商的好奇心，为大规模推广打下了基础。1953年11月出版的《花花公子》创刊号，规模仅有四十八页，却包含了各个方面的文章：食品、办公设计、运动，以及许多堪称“低级趣味”的卡通。海夫纳所从事的业务是一个完全不同的产品，针对的是想要观看裸体女性照片的成年男性群体；但是，由于这种观看带有一定的“层次”，这令它变得就算不够“可敬”，也还算得上是“可以接受”了。怀着这一大胆的举措和挑战现状的决心，海夫纳将他和他的新杂志定位于对整个国家的裸体和性观点的抨击之上，而他一手打造的业务模式，则具有巨大的市场潜力。毫无疑问，与“性”有关的东西将会大卖。而他所面临的挑战，则是去搞清楚哪种性爱和裸体的“包装”方式，不会被视为冒犯群众而遭到强烈抵制。海夫纳不但成功地搞清了如何做到这一点，而且创立了一个商业组织来充分挖掘他的创意。

《花花公子》的创刊号，是在一位虽从不缺乏创业的动力和干劲，但缺乏创业经验和管理背景的创始人的带领之下问世的。从这个角度看，成功几率理应不会青睐海夫纳，然而来自顾客的反应却是惊人的——《花花公子》创刊号的发行量高达5.4万份——一份小预算投入、没有广告和宣传的新出版物，竟然如此畅销。尽管海夫纳只有二十七岁，但他是一个永不回头的人。

《花花公子》第二期，并没有玛丽莲·梦露的身影，但刊登了其他裸体女性的照片，销售量达到了5.6万份，并在封面上介绍了后来成为其标志的兔子图标。海夫纳还在杂志中设计了一组三页的插页，突出介绍日后将成为“本月玩伴”特色栏目的女性。海夫纳的“为男性提供娱乐”，很快就在那些生活富裕安逸的城市青年男性中找到了受众群体。

在第一年的年底，《花花公子》的每月发行量已达18.5万份；1955年底，这一数字升到50万份，1956年底更是高达100万份。总销售量共计350万份，产生的税前利润达40万美元。海夫纳创造了一项真正挑战社会现状的业务。1954年10月，该杂志申请永久二等邮件杂志许可证（在此之前一直靠临时许可证来经营），美国邮政以“淫秽内容”为由拒绝了申请。海夫纳再一次展示了许多成功企业家表现出的共同特点，他并不打算让政府成为他事业的绊脚石。繁杂的法律和规章，在他看来只是一个要克服的障碍而已。相信现行法律已经过时的他，于1955年在联邦法院对美国邮政提起民事诉讼，公然挑战其审查权力，并最终取得了胜利。

将明星打造成品牌

随着《花花公子》杂志的成功，海夫纳开始把更多的时间花在办公室里。像许多最成功的企业家那样，他是一个完美主义者，是一个工作狂。他深度参与出版物每一个方面的工作，无论是照片、内容还是广告，他都要亲力亲为。海夫纳没有亲自批准的内容，绝对不会在杂志中出现。他的期望是，杂志全体工作人员都应该与他的激情和信念保持一致。海夫纳对于他允许刊登在杂志上的广告保持着严格的标准：对于他认为俗气的产品，他会毫不留情地拒绝掉。到50年代末期，海夫纳已经成功将《花花公子》杂志和高档消费联系起来，而这就意味着利润丰厚的广告合同——在杂志上刊登广告的公司销售男士服装、男士用品、音响设备、美容用品、珠宝、须后水和洗浴用品、信用卡、照相机、酒以及汽车等等。

《花花公子》杂志既对不断增长的美国消费群体产生了刺激作用，又反过来被其鼓舞。随着美国人的闲暇时间逐渐增多，《花花公子》杂志又推广促进读者们可以在闲暇时间进行的活动，包括爵士音乐、体育、电影和小说等等。随着《花花公子》杂志成为了一个越来越知名的品牌，海夫纳又将一个多媒体策略付诸实施，将各类商品齐聚在花花公子标志周围。1959年，他在芝加哥主持了“花花公子爵士音乐节”，各路著名艺术家齐聚在室外活动场地。《花花公子》杂志并没有从这一活动中获利——它将所得款项全数捐赠给了芝加哥城市联盟。然而，该杂志通过参与爵士音乐节，大大提升了它的声誉，有助于提高该杂志的形象。从此，它开始吸引更多的主流广告。

在1959年年底，海夫纳又开发出了一档电视综艺节目——“花花公子之阁楼”。它的主要概念是播放一档花花公子风格的鸡尾酒会，以展示花花公子玩伴以及黑人和白人社会名流为特色。海夫纳亲自主持该节目，他在节目中身着燕尾服，吸着烟斗。节目中请到的名流嘉宾包括埃拉·菲茨杰拉德、奈特·金·科尔、小萨米·戴维斯、托尼·贝内特、萨拉·沃恩、鲍勃·纽哈特、莱尼·布鲁斯等。这档节目进一步强化了花花公子品牌的形象，以及海夫纳现在进行并推广的生活方式。虽然它并没有获得强烈的轰动效应，但其好处在于，就凭它在12个城市的上映，也使得海夫纳跻身社会名流，成为了花花公子品牌不可或缺的组成部分。很少有企业家能够围绕自己创建一家企业，或是将自己的形象围绕着他的企业进行重建。他对个人品牌作出了定义，但他与那些后来者们——诸如奥普拉·温弗瑞、唐纳德·特朗普和玛莎·斯图尔特——却不尽相同：海夫纳并没有去推广他自己的名字，以使其成为一个品牌；他推广的是一种生活方式，这种生活方式能够为他所操控的各种媒体带来销售收入。

1960年初，海夫纳在芝加哥的黄金海岸买下了一幢老式四层建筑，该建筑距离密歇根湖仅仅几个街区而已。此举更是将公司的形象以及他自己的形象，提升到了一个新的水平。现在，海夫纳的"工作日"已经变成了他的"工作之夜"，因为他将整个建筑修葺一新，建筑内除了他的私人宅邸，还包括了举办大型聚会的场地。"花花公子大厦"除了对杂志产生巨大的宣传效应之外，还提升了他的知名度。此时海夫纳已经离婚，他的生活和工作都在这幢豪宅中进行，他常常整天整夜穿着丝绸睡衣。他成了他杂志的目标受众——城市男性群体的“海报男孩”，而他也开始过起他的杂志所鼓吹的生活方式。

只有会员可以入内的、面向高端人士的“花花公子俱乐部”在芝加哥的创立，标志着海夫纳的另一个独特创新——花花公子兔女郎；魅力爆棚的靓女身着标志性的兔女郎服装，担任俱乐部管家和服务员。花花公子俱乐部获得了轰动效应，公司迅速在全美国其他大城市开设分店。于是，借助这个品牌名称、年轻的形象，以及对性爱方面迅速普及的社会认知，海夫纳继续建立他的媒体帝国。在20世纪70年代初，他又涉足了图书出版和电影制作。每种新媒体的外延，都推动了品牌的发展，促进了杂志的发行量。海夫纳不断地让他的生意加速增长，而在美国社会中，更大比例的人群开始认同他销售的东西。《花花公子》杂志成为了海夫纳推广其生活方式的手段，同时也为他提供了实现这种生活方式的环境。

《花花公子》杂志继续致力于打破“清教徒障壁”，挑战现状，并往往以胜利而告终。该杂志很快就处在了包括种族关系在内的政治和社会问题的风口浪尖。1961年，芝加哥的花花公子俱乐部成为了第一个接纳黑人娱乐人物——喜剧演员迪克·格里高利——的主流夜总会。从20世纪60年代初开始，“花花公子专访”栏目成为了杂志的常设栏目，刊载了对名人和政治家的深度采访。海夫纳在1962

年出版了《花花公子哲学》，这是他关于社会习俗、美好生活，以及开放包容社会重要性的第一份“宣言”。

到了1964年，《花花公子》杂志的年销售额已达到2100万美元，花花公子俱乐部的收入达到1200万美元，公司旗下其他产品贡献了100万美元左右。随着花花公子集团越来越大，海夫纳开始使用杂志来推广自己的自由主义思想。杂志开始越来越多地刊载有关政治和更广泛社会问题的文章，强调个人的权利，并支持民权。1966年，花花公子集团在伦敦开设了一家赌场和一家花花公子俱乐部。这家位于伦敦的赌场的盈利性，将被证明是令人难以置信的。随着美国卷入越南战争程度的不断升级，性革命也蓄势待发，花花公子公司的规模也在继续扩大。1968年，《花花公子》杂志的月发行量突破了550万份。这一年，“黑暗中的花花公子”成了海夫纳策划的第二档综合电视节目。仅仅三年后的1971年10月，花花公子公司进行了它的首次公开募股（IPO），与英特尔公司在同一天向公众出售股票。到了那个时候，杂志的发行量已经达到了每月700万份。此外，花花公子俱乐部的数量已经达到23家，公司旗下还拥有度假村、酒店、世界各地的赌场、一家模特公司、电影公司、唱片公司，以及豪华轿车服务。花花公子公司那无处不在的兔子标志，在世界上成了最被认可的符号之一。

现在，海夫纳已经做好准备进军好莱坞了。因为“黑暗中的花花公子”节目的缘故，海夫纳花在美国西海岸的时间越来越多。想到“一幢豪宅足矣，但两幢岂不是更好”这个道理，海夫纳在洛杉矶市购置了位于一块独家飞地之上的大型豪宅，这使得他有机会去接触到更多的想成为明星的人和社会名流。花花公子西海岸大厦，成为了他的新家和酒宴总部。

耸人听闻的成就

尽管杂志获得了巨大的成功，但《花花公子》杂志还是需要面对来自那些更敢于发表赤裸裸的性内容杂志的竞争。为首的正是《阁楼》（*Penthouse*）和《皮条客》（*Hustler*）。《阁楼》美国版1969年9月的创刊号，销售量就达到了23.5万份。三年后，《阁楼》的每月发行量突破200万份；而到了1976年，《阁楼》每月发行量已达近500万份，仅稍稍落后于600万份的《花花公子》。其他刊载性内容的杂志也在不断繁衍增加中，其色情内容的尺度已经超过了海夫纳之前所预想的“能够保持杂志品位”——这不但是他的策略，而且是他的生产者定位的核心部分——的底线。这些出版物不具有任何创新色彩：它们对任何意义上的“正直行为”都故意视而不见，为了拉拢客户群而不惜变得更加“前卫”。

在20世纪50年代，《花花公子》杂志堪称是现状的有力颠覆者，并借此捕捉到了之前未被控制的市场。然而现在，整整二十年过去了，它已经变成了主流的一部分。而其他的出版物也在获取不可忽视的市场份额，因为在某些方面，它们比《花花公子》杂志更加能够迎合美国国内日益宽松的“性宽容”气氛。20世纪70年代早期的一项调查结果显示，由于受《金赛报告》的影响，人们的性行为在显著增加。《花花公子》杂志所推动并借此大获其利的性革命，到现在反而令杂志出现了黯然失色的趋势。这时的海夫纳别无选择。他只好将之前视为核心的“体面”的界限稍作变通，改为“品位不错的界限”这个版本。另外，海夫纳还试图通过众多的组织和战略的变化来搞活公司，比如在20世纪80年代初，他推出花花公子频道有线电视。但这些举动只能够将那些不可避免的东西加以推迟。《花花公子》杂志一旦放弃了体面的外观，就再也不能用“别致”和“彬彬有礼”来伪装自己——它只不过是一份“色情”杂志而已。

在20世纪90年代的大部分时间里，《花花公子》杂志遭遇了多次跌宕起伏，再未恢复其早年光芒四射的状态，但却成功地将读者群和业务线保持了下来——只不过不像之前那么赚钱了。海夫纳说：“《花花公子》杂志其实是其自身成功的受害者。它曾鼓吹的那些东西——性权利、言论自由、种族平等——早已非（当下）大多数年轻人争相阅读的对象，即使他们真的想阅读的话。”与性爱有关的商品的销售势头仍然强劲，但竞争也日趋激烈。持续进步的媒体技术，加上不断变化的社会规范，正一起冲击着《花花公子》杂志的地位和海夫纳的商业模式。该杂志的月发行量已经下降到300万份以下，处于持续赔钱经营的境地；试图保持市场地位的公司，被迫推广有线电视服务，添加更为露骨的成人内容。2010年底，海夫纳仅以6000万美元的市值，让私人股权投资公司收购了该公司，试图让这只日渐式微的“兔子”得以振兴，继续发挥品牌和兔子标志的力量。

海夫纳所过的生活方式，恐怕大多数男人只有幻想的份儿了。这位来自芝加哥、曾经沮丧低落的漫画家，成功地将他的创业能力和精力，用来建立和经营一家独树一帜的媒体企业，一直以来很好地把握住了受众和社会。而海夫纳这位名人，通过成为都市男性的生活方式楷模，给社会带来了新的活力；但可以说“好景不常在”。最终，社会的变化和技术的进步——主要是互联网的关系——使得《花花公子》杂志无法跟上时代，只留下了一个曾经叱咤风云的品牌和标志，却没有保持住如日中天的业务。然而，“花花公子”时代结束的事实，无法抹杀海夫纳作为一位企业家和营销巨人的成就。他将自己的出众能力和远见，与激情和坚持不懈的精神完美地结合起来——这正是那些打破既有文化，促使其发生转变的伟人们共同的标志。他的努力首先挑战并最终改变了美国。

创造性是门好生意

克里斯托和海夫纳这两个人，并不是一个模子里倒出来的。但以上提到的两位堪称艺术家的人，都创立了独树一帜的企业，借此证明自己是非常成功的企业家；他们重塑了周围的世界，展现了自己的个性和哲学。这两个人中没有一个接受过任何正式的业务培训；他们是半路出家，边干边学，掌握了管理和营销技能。他们都是在外部投资十分有限的情况下创建了自己的企业，这反映了他们的业务资本密集度不足的问题，但也让他们有机会以近乎狂热的执着来控制自己的最终产品。他们二位都认同的一点是，无论他们推向市场的是何种商品，那都是他们自己以及他们自己所追求东西的一种反映。尽管他们之间在经营风格、技术、敏锐性和动机方面存有不少的差异，但二人之间却有值得注意的共性，恐怕其中最为关键的还是那种“去创造些有用东西”的驱动力，对其经营业务的各个方面一定要去“独裁”的那种近乎疯狂的欲望，以及一种强大到能够遮盖“他们可能会失败”的意识的领导力和自信。像许多其他给市场带来了变革性创新的企业家们那样：他们拥有一个聪明的创意；随着时间的推移，他们对最初的创意进行了校正，以适应市场的现实及其不断发展的愿景；他们聘用了一个团队，然后按部就班地让企业成长。他们对自己内心需要创造的那个品牌非常在意；他们希望它能够支撑起商业模式，维持财务基础，并使之得以继续繁荣发展。这两位企业家与他们的企业同呼吸共患难：企业是他们的爱好，也是他们的天职。他们让自己冲在第一线，将自己放在公众的聚光灯下，来支持自己的理念；从“重塑社会”这个角度来看，他们都为自己的成功而感到无比自豪。

从传统意义上看，这二位企业家都算不上是“发明家”。然而，他们都非常清楚地了解，他们的创造引领了一个独特的商业模式；在最开始的时候，他们并没有像麦肯锡公司的市场研究和高盛公司的电子表格显示的那样，清楚地预见这一商业模式今后会成为主计划的一部分。对于他们两个人来说，他们的商业计划本身只是手段，而不是目的本身。因为他们的业务仅仅是一个为他们的最终目标筹措资金的方式；而他们的目标，则是迫使我们通过他们的眼睛去观察，通过他们的心灵去感受，通过他们的大脑来思考。克里斯托的目标，就是（直到现在也是）“迫使”我们去看到世界上的那些美景——这些美景正是我们在当今社会忙碌的脚步中，常常想当然地忽略掉的；而海夫纳的目标，则是要将我们从他所认为的美国社会的虚伪中唤醒，尽情地享受生活。他们的业务推出后，经历了持续的增长、改变、循序渐进的过程，并高效地清除了那些阻挡他们去路的障碍——无论是政府监管还是竞争压力。他们牢牢地控制住他们苦心经营的企业，为其扬帆掌舵，每一位都锻造出了一个足以体现个性、毅力和创业家激情的品牌。

克里斯托和海夫纳正是创业成功的永恒杰出案例。他们的想象力和个人驱动力，创造了强大的社会力量；他们为世界提供了一个新的视角：打破现状，去营造一个全新的世界——在那里，想象力决定一切。

TRANSFORMATIVE
ENTREPRENEURS

第2章
创造性构建

....

每当你目睹一家成功的企业，就意味着曾经有人作了一个勇敢的决定。

——彼得·德鲁克

建立一个强大的、抵抗力超群的企业，发生的几率并不高，因为它是非常难以实现的。它需要一个周密而新颖的商业模式，而且还需要对这种模式进行成功的实施。将一个企业的各个方面完美地捏合在一起，不仅会为企业的长期增长提供潜力，同时也会增强企业可持续发展和抗拒外界干扰的能力。尽管克里斯托堪称天才的经营方法可以长过他本人的寿命，但他的企业却没有那么幸运，因为他个人的技能和毅力正是企业的核心。海夫纳的“花花公子”品牌，其五十年的成功经营给人留下了深刻的印象。这个品牌本身在他的创始人故去之后，也一定会继续存在，但它的媒体属性已经进入衰退阶段。当管理层将“多线程”的企业战略完美编织在一起的时候，那个最成功而持久的商业模式，才会变得自我强化起来。拥有众多竞争优势——而不仅仅是依靠纯粹的产品优势——的公司，才有潜力成为行业中举足轻重的（即使无法成为统治地位的）竞争者，并在较长的时间跨度中创造更多的利润。它们面临的挑战仍然是：如何最好地孕育出能够带来这些优势的创新，然后执行其中最优的选择。创造一个将各种合适的“原料”以最佳比例结合起来的“配方”，是一项很具挑战性的工作，因为它极少是现成的。它需要多次的尝试和重复，才能够“筛选”出那些在最终产品面前喧宾夺主的“添加剂”——这往往需要时间。

亨利·福特的T型车堪称卓越产品，再加上全新的制造工艺，给他带来了巨大的利润和市场份额；但当它最终变得陈旧落伍时，公司则在市场竞争面前变得不堪一击，反而成为了反面典型。与那些将汽车定位为“富人的豪华玩具”的传统早期生产者不同，福特在设计他的新款汽车时，将其定位于吸引更广阔的市场。福特于1909年推出了售价仅为825美元的T型车，在第一年度就惊人地售出了6万辆，成功地打入了众多美国人想要的“经济实惠而又稳定可靠”的汽车市场。T型车非常容易驾驶，维修也很简单。随着产量的增长，福特充分利用了规模经济生产的好处，几年后，公司建成了制造汽车底盘的装配流水生产线。福特借鉴了芝加哥肉类包装行业装配线的概念，而这让他能够满足市场上对T型车日益增长的需求：每辆车的装配时间，从大约十二个小时缩短到只有一个半小时。生产效率的突飞猛进，使得福特的汽车在每年能够降低价格的同时，还提高了其功能和特性；在为客户创造更多价值的同时，也让自己的市场份额不断扩大。福特的名言——“每一位客户都想拥有一辆漆成他想要的颜色的汽车，但它只能是黑色的”——也表明了公司降低单位成本的决心。不仅是因为将所有汽车漆成相同颜色的生产成本更低，而且比起其他涂料，福特公司所采用的“日本黑”，干燥时间更短。到1921年，福特公司已经生产了超过500万台T型车，仅在当年就生产了57.5万辆，占据了全球60%的新车市场。这款车的售价仅为360美元，但福特公司的利润却达到了创纪录的水平。1927年，福特公司售出了它的最后一辆T型车。从最初算起，它已经生产了超过1500万辆。

亨利·福特在工业方面的成就是显著的。他的T型车，也堪称是美国人在汽车拥有大众化方面一个非常成功的创业故事。它证明了规模经济的力量，并对装配流水生产线起到了推广作用。作为20世纪早期卓越的商业巨头之一，福特帮助美国实现了工业化，并提高了美国人的生活水准。虽然他曾经站在产业的巅峰将近二十年，迄今为止他的公司也存在了百余年，然而，他的T型车所拥有的、曾经令公司处于绝对领导地位的竞争优势，却无法抵挡来自那些甚至立足未稳的公司的侵蚀。

汽车市场随着时间的推移而不断发展，这毫不奇怪。当消费者不再满足于拥有第一辆汽车时，他们想要追求不同颜色和外观的汽车。福特的商业模式已经变得陈旧，他对变革的阻碍，为他人提供了一个超越他的竞争机会。此时，通用汽车公司总裁阿尔弗雷德·斯隆就体现出了对市场更好的把握，并为他的公司制定了这样的商业模式——“为每一个钱包和目的来提供汽车”。比起福特千篇一律的“一刀切”方法，这一经济实用的制造过程，使得通用公司能够缩短生产出不同汽车的周期。此外，通用汽车每年都会推出汽车的不同造型变化，并为客户提供汽车融资，以及以旧换新时的合理估价。斯隆坦承，市场不是同质的，对于某些客户而言，购买决策并不单单只与产品和成本相关。通用汽车公司的创新使其超越了福特汽车公司。这正提醒了我们，所有的企业都需要保持动态和开放的变化，特别是那些具有近乎垄断地位的公司。

* * *

亨利·福特对压低生产成本近乎偏执的专注力，推动公司实现了多年的高速成长。然而，随着他周围的市场发生了变化，他却不愿去改变他的做法，不愿去开发新的市场竞争优势，这使得他的公司暴露在斯隆的通用汽车的竞争面前。如果亨利·福特退后一步，以更加宽广的眼光来审视市场，他的公司也许就永远不会失去在汽车行业中的霸主地位。

与亨利·福特不同，沃特·迪斯尼在他的整个职业生涯中，一直敢于拥抱变化并承担新的风险，从而对社会产生了巨大的影响，成功地把美国中西部家庭健康向上的生活态度传给了一代又一代人。与福特类似，沃特·迪斯尼是经历过两次失败的企业家，他在逆境中表现出了不屈和坚韧。像休·海夫纳一样，沃特·迪斯尼将“销售幻想”这件事做到了极致。像克里斯托那样，沃特·迪斯尼也是一位艺术家，但他所开发并巧妙执行的商业模式，随着时间的推移，呈现出与克里斯托完全不同的特质，因为沃特·迪斯尼的目标是恰恰相反的：他希望他的作品永垂不朽。他的目标并不是去做那些昙花一现的项目，而是去吸引持续的、大批的电影观众、电视观众和主题公园顾客，他们愿意付出较少数目的金钱，来体验他为他们一次又一次创造的奇幻世界。

通过完美地驾驭他首创的现代娱乐集团，让简单的卡通形象产生出大量的收入流，沃特·迪斯尼为所有年龄段的“孩子”创造了一个安全的避风港，在那里他们可以沉迷于自己的“幻想”。在这一点上，他可能比任何20世纪的美国人做得都更加成功。相应地，沃特·迪斯尼也证明了，他的想象力真的产生了商业魔法。

寻找自己内心的“小孩”

作为第一个吃螃蟹的人，沃特·迪斯尼创立了第一家现代化多媒体公司。这家公司的整体，要远远大于它各个部分的总和——通过创造性的重新包装，他旗下的角色，从影视节目中移植到了连环画、主题公园、游乐设施、卡通人物商品、书籍、音乐、教育材料和电视节目等各个载体中。他为未来的媒体公司指明了道路：在众多领域充分开发能够显示出巨大价值创造潜力的专有内容和知识产权，通过降低开发成本和产生更高收入而转化为更高的盈利能力。他们的策略堪称辉煌，而实施过程则更为惊艳。沃特·迪斯尼和他的团队，对追求品质和创意的流程进行了完善，这在当时是首创性的。这都要归因于他不断关注细节，让所有产品力臻完美的习惯。

和许多成功的企业家一样，沃特·迪斯尼对于与他的公司、他的团队和他的创意有关的所有东西都充满了激情。他以身作则，要求人们精益求精，并善于启发他的同事，努力追求完美——在这些方面他很少妥协，即使这意味着风险增加、成本增加、时间和延误。他已经做好了承担风险——而且是巨大风险——的准备。而且，他经常为了追求其愿景而把整个公司置于巨大危险之中，即使身临深渊也从未动摇过。

沃特·迪斯尼是美国梦的忠实信徒，因为他就置身其中。他所讲述的那些故事，都是对一系列美德——诸如勤奋工作、为人善良，在逆境中仍能坚持追求自己的目标——的赞颂，而这些故事，通常最后都有一个圆满的结局。同样重要的是，沃特·迪斯尼通过制作第一批动画故事片，重塑了美国的流行文化，重新定义了娱乐和休闲时间，而他自己也成为了一位早期的电视节目提供商。他最持久的贡献，或许就是对“游乐园”这一概念的改造。迪士尼乐园这个“主题公园”，将沃特·迪斯尼所创作的人物和小城镇价值观进行了和谐完美的开发。沃特·迪斯尼并没有教条地活在过去，尽管他曾经是一个学生，一个美国历史的传播者。在对未来的想象中，沃特·迪斯尼非常具有前瞻性，这一点在其动画电影的故事情节和主题乐园节目中经常能够得到验证；这一前瞻性最显著的体现，或许就是他在佛罗里达州奥兰多市创建的迪士尼世界建筑体——他所创造的早已超越了娱乐维度，而是应有尽有的百纳“城堡”。正如沃特·迪斯尼自己所说的那样：“这一切都源于一只老鼠。”

1922年，沃特·迪斯尼只有二十一岁，在没有什么总体规划或长期愿景的情况下，就在堪萨斯市创建了他的第一个商业艺术企业。这件事对于他来说是幸运的。因为短短一个月之后，这家企业就关门大吉，从而迫使这位初出茅庐的企业家重新回到“雇员”的行列——他开始为当地的一家公司制作动画短片。在短短的几个月内，迪斯尼就攒下了一笔小钱，创立了他的第二家新公司——欢笑动画公司，专门制作动画短片。然而，在一个纽约电影发行商欺骗了他之后，这家公司也不幸夭折了。可是，沃特·迪斯尼丝毫未被困难吓倒，他转头西行，来到电影事业蓬勃发展的加利福尼亚州的好莱坞去闯荡事业。他用借来的500美元，在他叔叔的车库里开设了自己的工作室，开始制作动画短片，这些短片将在当地电影院播放的故事片之间插播。借助于他哥哥罗伊和他攒下的250美元，他们创立了迪士尼兄弟公司，沃特负责创意部分，而罗伊则负责业务部分。1927年，他们迎来了自己第一个有意义的商业成功，它基于一个全新的动画角色——“幸运兔”奥斯瓦尔德。然而，像之前一样，沃特·迪斯尼不太灵光的商业头脑，使得一个善于钻空子的发行商成功取得了这个角色的版权。这时，沃特·迪斯尼需要一个新角色，他试图去修改那只兔子的形象，最终竟然用一只老鼠代替了它。他给老鼠起名为“莫蒂默”。直到这个时候，迪士尼兄弟公司的动画短片一直都还是无声的。不过到了1928年，新技术使得可以在电影里加入声音，迪士尼兄弟公司制作了动画短片《汽船威利》（*Steamboat Willie*），向全世界介绍了他们这只会说话的老鼠——此时已经改名“米奇”。迪士尼兄弟公司丰富的创意，堪称是之后一切的基础。在推出其他几个以米老鼠形象为基础的短片后，迪士尼兄弟公司又推出了《笨蛋交响乐》，进一步充分利用了电影配乐的力量。

在整个职业生涯过程中，沃特·迪斯尼证明了他在理解和运用新技术方面，是非常精明独到的一个人。正如之前从无声到有声的转变那样，沃特·迪斯尼很快与致力于彩色影视的特艺集团（Technicolor）联手，超越了传统的黑白动画片。1932年，他赢得了他的第一个奥斯卡奖。在娱乐行业中，那些站在技术前沿的人们，都要承担自己的那一套风险——尤其是那些身背知名品牌的人们。在他漫长的职业生涯中，沃特·迪斯尼利用了照相机、声效、彩色等手段，以提高最终产品的效果，让观众为之惊呼，一次又一次地为影迷树立了可接受的新体验标准。沃特·迪斯尼明白，新技术是他的朋友。他为其作品早期的追捧者进行大手笔投资，这种行为使得他与坚持老一套模式和方法的米高梅、派拉蒙、华纳兄弟以及其他电影制片人之间的差别越来越大。这也是他在20世纪30年代初就买断了特艺集团再现彩色电影的先进工艺专有权的原因之一。

诸如唐老鸭、高菲和普鲁托这样的新动画角色，很快就融入到了沃特·迪斯尼稳定的流行“明星”群当中，这尤其是因为，每个角色都充分地展现出人类共同的特征和动作及鲜明的个性，观众很容易就可以将其与自己联系在一起。在迪士尼公司诸多的优点中，他首先了解到，米老鼠和他的朋友们将被证明是消费品的抢手货。在它们成为影视明星不久之后，沃特·迪斯尼又拓展了新的蓝图，以最小的边际成本开辟了另一个收入来源，那就是不遗余力地将其笔下的形象特许权授给种类繁多的产品使用：从服装到手表，甚至是肥皂。眼光超前的沃特·迪斯尼认识到，他的动画电影作为一种促销手段，在提升了动画角色人气的同时，也强化了迪士尼这个品牌本身。与米老鼠互为竞争对手的“菲利克斯猫”（Felix the Cat），作为动画人物堪称成功，也不乏市场竞争力，并且做出过一些产品特许行为，但与迪士尼公司的动画角色相比，却难以望其项背。沃特·迪斯尼的开创性经营方法，缔造了一架蔚为壮观的利润生产机器，因为他的动画角色从来不会要求加薪，也不会打电话请病假，更不会动辄罢工来要求更高的票房分成比例。对于沃特·迪斯尼来说，其动画电影本身，仅是一项更加宏大战略的一个组成部分，这项战略的核心是以他的知识产权来创造长期价值。

当电视开始在美国占据更大市场份额时，沃特·迪斯尼再次充当了一个先驱者。1950年，迪士尼公司制作了电视特别节目“奇境一小时”。在这个节目取得了巨大成功之后，他们又推出了一档每周定期播出的电视秀，由沃特·迪斯尼本人亲自出马主持，名为“迪士尼乐园”。它主要是介绍迪士尼公司电影库中的动画片，以及其他家庭成员喜闻乐见的内容，比如歌曲、迪士尼电影片段，以及诸如《大卫·克洛科特》之类的迷你连续剧；同时，他还不遗余力地推广即将开幕的新的迪士尼主题乐园，让该节目的观众亲眼目睹主题乐园的建设进度。这档电视节目给了沃特·迪斯尼另一个充分利用工作室资源的机会。他也深刻地认识到，电视这个新媒体，完全有可能促进他的企业所拥有的其他创意资产。

早在20世纪30年代初，一位积极进取的电影院线老板就已坚信，孩童们很有可能成为周末电影时段的一个有吸引力的观众群体。他将一个主题电影与米老鼠动画片打包播放，给予孩子们注册成为一个能够享受各种特权的俱乐部成员，展现自己是米老鼠忠诚粉丝的机会，由此创造了每周六下午孩子们争相追捧迪士尼米老鼠的“热潮”。沃特·迪斯尼则将这个“儿童忠诚粉丝俱乐部”的概念作了充分的扩展。1955年，他推出了一档名叫“米老鼠俱乐部”的节目，每天将迪士尼品牌直接从迪士尼乐园带给电视机前的孩子们。这档节目对于那些想在下午有一个小时自由时间的妈妈们来说，很快就成了一位可靠的“保姆”，因为孩子们总会坐在电视机前，戴着米老鼠的耳朵，被节目完全吸引而纹丝不动。

沃特·迪斯尼是一个极端重视细节的人，他要求演员组的每一位年轻演员，都具有阳光的外表和开朗的心态。当他们面带微笑，默契地配合演唱节目的主题曲时，你几乎可以听到金钱流入公司柜台那叮叮当当的响声。

令人如痴如醉的创新

1955年，迪士尼乐园在加利福尼亚州阿纳海姆开园，它堪称为家庭价值观和家庭乐趣建设了一座绿洲。该项目所需的前期投资近1700万美元，来源于美国银行和美国广播公司的贷款，以及沃特·迪斯尼的个人积蓄——包括他用人寿保险保单作为抵押借来的钱。大多数人认为，他孤注一掷地上马他的主题乐园，简直是疯了。只有一个真正的企业家，才会勇于承担这样一个前景未经证实的、耗资巨大的扩张行为。迪士尼乐园一经运作，立刻就获得了巨大的成功。在运作的第一年，迪士尼乐园就吸引了多达360万的游客。它还塑造了另一种强大的协同商业元素，使得沃特·迪斯尼能够进一步利用其名下的专有动画角色版权，出售更多的商品，并促进其公司的产出能力。不同于传统的游乐园相对随机的游乐设施组合，沃特·迪斯尼和他的创作团队，精心设计了一套更为全面的体验，这正响应了其创建者最初的理念——梦幻、未来主义、高科技、朴素价值观、美国历史以及欧洲风格的魅力。他们将新技术引入动画制作过程，让主题乐园的动画人物展现更加逼真的动作。此外，沃特·迪斯尼的团队还为洁净度和效率引入了新的标准，使乐园成为一个独特而贴心的家庭旅游目的地。主题乐园持续吸引着来自全美各地以及世界各地的游客，成为青少年们及其父母“朝圣”的归宿。

然而，由于当时资金的缺乏和成功的不确定性，沃特·迪斯尼没能取得他的第一个主题乐园周边的土地。不久，乐园周围的街道就充斥着廉价的汽车旅馆、餐馆和其他旅游陷阱，这使得沃特·迪斯尼本来谋求提供给度假家庭的旅游体验和他的部分未来收入大打折扣。20世纪60年代中期，随着迪士尼乐园的游客数量持续增加，沃特·迪斯尼感到，如果他在美国的另一边推出第二个主题乐园，东海岸的居民和欧洲人就能够更加轻松地享受独特的旅游体验，游客参观率会大大提高。这一次，他将确保他的“迪士尼价值”不会因受外界干扰而被摊薄。他试图寻求一片作为“缓冲带”的广袤土地，以将游客与外部世界隔开，同时也保证垄断主题乐园的周边酒店和餐馆。为了避免把佛罗里达州中部的房地产价格炒得太高——迪斯尼的团队已决定在那里新建一处迪士尼乐园——他们通过第三方代理和虚拟企业来购入土地。但不久以后，当地人就明白了，米老鼠要来到小镇上了。

沃特·迪斯尼对做一个加利福尼亚州迪士尼乐园的“复制品”并没有多大兴趣。相反，他的动机是，能够有机会来建立更加未来主义的、更加具有乌托邦色彩的东西。沃特·迪斯尼的愿景是建立一个完整的城市。在这里，有常住的居民、学校、零售中心以及写字楼。“迪士尼世界”经过四年多的建设，于1971年在佛罗里达中部地区一块面积达43平方英里的土地上开业，它两倍于纽约市曼哈顿岛的面积，将奥兰多这个小镇搬上了地图。另一个主题乐园——艾波卡特中心（“明日原生态社区”的试验计划），也最终于1982年开业，帮助这位创始人实现了他最初的志向。不幸的是，沃特·迪斯尼没有机会亲眼看到他最后的伟大创造。他于1966年死于肺癌，是这个魔幻王国开始施工的前一年。沃特·迪斯尼的传记作家尼尔·加布勒最完美地诠释了他的成就：

> 他改变了世界。他创造了一种新的艺术形式，还在其中创造了无可争议的经典作品……这些动画电影即便在首次上映时尚未找到一个观众，更别提什么盈利，但最后却仍然如预测的那般，在重映时赚得盆满钵满。他业已在娱乐界建立了一个最为强大的帝国。而且，在美国流行文化占据世界主导地位的过程中，因为他的电影在海外如此受欢迎，他甚至都起到了重要的辅助作用。

沃特·迪斯尼创造了一张蓝图，这张蓝图之后被世界各地的众多娱乐公司所采用。他的具有开创性的商业模式，是基于一项深刻的理解，那就是，看似简单的专有内容，不仅可以而且应该被以多种方式进行多次使用。而且，正是因为沃特·迪斯尼已经将他的性格铸入到他笔下那些永恒的、欢乐的动画人物之中，他的企业才能够在他离开这个舞台之后继续发扬光大它们。最后要指出的是，沃特·迪斯尼正是美国典型的成功创业故事的亲身体验者。为了我们所有人的利益，他以坚强不屈的意志、决心和行动力，加上伟大的想象力和创造力，使得我们可以尽情享受我们自己的幻想。

* * *

英格瓦尔·卡姆普拉德并不是美国人的成功故事，但他作为一个商业领袖创立的宜家家居，在全球家具零售、设计和制造业堪称几乎坚不可摧的商业模式——它同样令人印象深刻，同样充满创新精神。它并不是一个“碰巧”发生的案例。沃特·迪斯尼可以用旗下独特的动画角色来跨越多个分销渠道，为其巨大的商业成功打下基础；卡姆普拉德的高明之处则在于，他能够将他人的独到创意“编织”在一起，以使他的公司在全球范围内无可匹敌。

卡姆普拉德在瑞典的一个微型小镇阿根纳瑞德长大，从小就显示出了惊人的创业精神。1943年，当他还只是一个十几岁少年的时候，就成为了一个小小的生意人：他从斯德哥尔摩批发来廉价的小商品，并不断扩充自己的产品线，然后在本地加价销售它们。他一开始批发来的是火柴和打火机；接着，他扩大了自己的产品线，覆盖了其他种类他能够直接带给买主本人的消费品，如圆珠笔和种子。卡姆普拉德更加专注于建立一项长期的业务。他将赚来的利润再投资，慢慢地扩充他的商品大类，以满足当地市场的需求。随着其业务的增长，卡姆普拉德动用了一点儿创造力：首先，他雇了当地的牛奶送货车，来给他的客户递送货物；其次，从1949年开始，通过发行商品目录，让客户知道他在出售什么样的产品。虽然在当时这些还算不上什么明显的大动作，但当他于1947年在商品库存中加入家具这一大类时，卡姆普拉德已经建立了我们今天所知道的“宜家家居”的雏形。二十一岁时，卡姆普拉德已经在一个虽然完善但相对无趣的商业领域捕捉到了一块独特的“小众市场”。在短短几年内，卡姆普拉德关掉了他所有其他的产品线。他意识到，通过专注于家具，他可以充分利用瑞典人不断提升生活水准和都市化程度不断提高的优势。他的价值主张是简单的：有针对性地向目标受众群销售那些拥有良好设计和良好品质但价格却相当实惠的家具——这些人越来越想要远离那些古典厚重的欧洲风格家具，转而追求更现代的家居装饰。不过，对于有吸引力的目标市场的识别，仅能解释宜家家居所获得的长期成功的一小部分。通过实施一整套全面的客户购物体验，建立后端制造和物流基础设施，以及发扬一种独特的甚至超越其当代斯堪的纳维亚产品设计本身的组织文化，卡姆普拉德为其公司在全球的成功搭建了舞台，构建起了一个独特的、难以复制的商业模式。

客户“自助服务”的强大力量

当送牛奶的厢式货车改变了日常的路线，不再通过卡姆普拉德的农场时，他决定开一家自己的店面。1953年，卡姆普拉德把阿姆霍特附近一间闲置很久的仓库改造成了一个家具展厅。他的店铺销售情况火爆的部分原因在于，客户们在买家具的时候有机会亲眼看到、亲手摸到那些家具——这让他们可以真切地感受到自己为之掏钱的产品的质量，而这是通过产品目录销售方式无法做到的。此外，人们在商店订购，还可以更快速地得到想要的家具。正如前文提到的亨利·福特的T型车，成交量的大幅提升，使得卡姆普拉德能够不断地压缩单位成本。他通过降低价格的方式，将这些节省下来的成本回馈给顾客。

卡姆普拉德很早就认识到，对于一个零售商来说，客户自助服务能够带来巨大的成本效益。通过把买主变成一位积极的“参与者”——这不仅仅意味着他们自己挑选想买的产品，还意味着他们要参与运输和组装——他彻底改变了家具零售行业的模式。也许，宜家家居做出最重要的创新，正是将送货前预先组装好的大块头家具彻底抛弃，而在1956 年引入的“扁平包装”概念：一件家具的所有组件静静地躺在一个简单的纸箱里面。这种“扁平包装”不仅能够让公司减少运费和库存空间成本，还有助于减少在运输过程中的损坏。同时，客户们把商品拉回家也更容易了，这也节省了时间和门店配送的成本。“扁平包装”的概念，恰恰来自实际的需要：当时，卡姆普拉德的同事没办法把一张餐桌塞进车里，他不得不把桌子腿卸下来，才把它塞进后备箱。

这个战略的第二个支柱，实际上利用了私家车在生活中日益增加的重要性。卡姆普拉德开始为他的商店选址——现在店铺的面积达到30万平方英尺——它们位于中心城区以外。在那里，他可以以更低廉的价格得到更大的铺面，还能够为客户提供停车场。通过吸引客户开着他们的私家车而不是步行来购物，卡姆普拉德现在凭空拥有了一个低成本的“运载工具”，它能够把客户们买到的产品运回家。宜家把客户吸引到它的门店来，是通过一系列精美的堪称世界最大年度印数的广告目录。现在，宜家每年商品目录分发数量接近200万册。

在宜家的超级商店里，可以为顾客提供多种选择——明码标价的商品多达7000种；有足够的理由使得顾客们留在店里——这里不仅提供儿童看护服务，还有一家瑞典的咖啡馆，提供美味的瑞典肉球；还有全店友好的员工。战略的另一个支柱，则是采购那些已专门设计成型的产品——无论在世界何处，宜家都可以以其标准将它们以较低成本生产出来。卡姆普拉德始终坚持，从精心挑选的制造商那里直接获得最终产品，公司采购人员负责监督制造商，以确保产品的高质量、低成本和工厂的产能，并按时发货。今天，宜家家居旗下的1300家门店遍布50多个国家。宜家开发的这种令人印象深刻的供应链，几乎是其他公司无法仿效的。而且，对于它的每个供应商来说，这位客户的规模是如此之大，以致谈判的筹码早已倾斜到有利于宜家这边，这有助于公司维持低成本和优质的服务。这种采购策略有一个额外的好处：它将资金和管理负担推到了供应商那一边；而宜家则根本无需将自己的资金和人员拴在生产设施上。

在提供优质的店铺位置、一整套美好的购物体验、实惠的商品之外，宜家的下一个战略性支柱，是在世界各地都能大行其道的产品设计——当然，这种设计显然是建立在斯堪的纳维亚风格基础之上。因为宜家只销售自己设计的产品，因此客户也很难比较其产品与其他家具店销售产品的差异，这就巧妙地避免了价格攀比。此外，具有鲜艳色彩和强大功能的宜家产品，结合在一起构成了一整套完美装饰，使客户可以在他们的家中配备一个完整的房间。时至今日，他们甚至可以从宜家买回全家用的家具。

热衷于提高效率和节约资源的卡姆普拉德，在整个公司中不断强调成本意识，而且他本身始终以身作则。宜家员工团队对质量近乎疯狂的追求，很大程度上源于其创始人带有传奇色彩的简朴生活方式，尽管他是世界上最富有的公民之一。搭飞机乘经济舱，乘坐公交车，住价格实惠的酒店，清洗并再次利用塑料水杯，并自始至终在提醒他的员工，宜家销售的一部分，正是“节俭”二字。

卡姆普拉德曾经说过，“零售就是细节”。众所周知，他对客户的购物体验、公司的采购决策，以及员工需求的重视，哪怕是最细小的部分都到了几乎痴迷的地步。他频繁地亲自到店里巡视，与每一位员工握手交谈，令他那福音派的领导风格体现得淋漓尽致。这不仅能够与员工建立心灵上的联系，而且使得这样的传统进一步传承下来。这些力量交织在一起，构成了宜家强有力的形象和不断强化的经营实践；宜家不仅成为市场上的价格标杆，其首创的“现金+提货”的家具零售经营模式也得到公认。正如迪士尼公司那样，宜家的各个战略链条，在确保公司成功经营的同时，还保持了高利润，以及更高的进入壁垒。

宜家每年仅仅新开几家门店，以保持对零售终端更好的控制力，避免让供应链负荷过重，而这已经被证明是一个成功的策略。在全球范围内，宜家在38个国家的300多家零售店，每年销售额为330亿美元，经营利润处于10%到15%之间。它已经成为世界上最大、最赚钱的私人企业之一，而它的资金完全来自创办者的个人储蓄和留存收益。

在开创公司伊始，卡姆普拉德并没有精心设计一个商业计划，来概括出“他将如何进入家具零售业”。他的企业起初有一个不同的经营方向，但他后来目睹了一个机会，就迅速转型去利用这个机会，回应顾客的需求。然后，他步步为营地慢慢创造了一家能够在不断击退竞争对手的同时，在全世界范围内攻城略地的公司。围绕着诸如“扁平包装”、客户自助服务以及专有家具设计等一系列创新，宜家成功打造了一套独特而全面的客户购买体验。宜家的企业扩张一直是小步伐的，这使得整个公司和它的供应商保持同步，让一切都处于控制之中，并最小化错误发生的可能性。时至今日，宜家的商业模式已经被世人读透，但要想复制它，或有人想要达到宜家的销售主张标准，可谓难上加难。他们想要追上宜家，需要从产品设计、产品选择、产品采购、产品成本和企业文化都达到要求，而现在又多了品牌形象这个壁垒；因此，这绝对是一个非常艰巨的任务。

* * *

通过他的动画人物、电影、主题乐园，沃特·迪斯尼将纯粹的美洲大陆文化出口到世界各地；而英格瓦尔·卡姆普拉德则是通过每个宜家门店中的每件家具，来出口斯堪的纳维亚半岛的品位。两位企业家的事迹表明：一丝不苟地关注细节，以步步为营的坚实方法来建立自己的企业，从不偏离创始人的核心价值观，就可能会在国际范围内带来巨大的成功。最重要的是，两个人都编织出了独特的想法、创新的商业模式，然后创建了商业组织，推动其持续盈利。他们的创新反过来又促进了公司的独特性，并给那些潜在的竞争对手制造了庞大的进入壁垒。

将梦幻的三个维度“打包”并积极地推广，沃特·迪斯尼紧紧抓住了世界的孩子和他们父母的想象力；英格瓦尔·卡姆普拉德则能够吸引家庭和年轻夫妇到他的商店，然后让他们待在那里，尽可能长时间地购物。迪斯尼和卡姆普拉德都了解：创造独有的产品，然后以一个新鲜的、具有吸引力的方式将它们提供给目标消费者，才能保证公司的可持续发展和商业成功。

TRANSFORMATIVE
ENTREPRENEURS

第3章
真正的勇气

……………………

只有那些做好失败准备的人们，才可以取得伟大的成就。

——罗伯特·F.肯尼迪

小霍雷肖·阿尔杰，这位19世纪晚期儿童作家所写的故事，大多讲述的是来自贫困家庭的城里孩子，通过努力劳动、勇气、诚信获得了成功，创造可观的个人财富，最终实现了脱贫致富的愿望。这个在人们中间广为流行的概念表明，每一个美国人都可以得到这个机会，而且这样的成功例子不胜枚举，其中包括在本书中讨论的许多案例。如前述的克里斯托、迪斯尼和海夫纳一样，大多数企业家都出自贫寒的家庭，即便他们创业失败，也没有什么可以失去的。但是，如果你拥有很多可能失去的东西呢？如果你来自一个良好背景的家庭，并不一定需要去努力工作、承担风险，或者开发新的想法，就能够让自己获得成功呢？你还会以你与生俱来的权利作为赌注，押在将你的梦想变成现实的机会上吗？

有些人认为，在创业的世界中，那些来自富裕家庭的人拥有显著的优势，因为他们就读于那些“好学校”；他们早已与其他有更大机会成功的人构建了自己的社会和商业网络；他们知道如何获得资金，借以启动和发展一个新的企业——比如从他们的家人和朋友那里筹措资金；他们身边还常常有一个强大的成功榜样来加以仿效。这的确是一个有说服力的论据，但它却忽略了两个基本要素：风险承受力和天赋能力。

事实上，拥有可能会失去的东西，往往使人们更厌恶风险。口衔着谚语中的“银勺”来到这个世界上的人，与之紧密相连的，通常是一条会给人带来安全和平稳的职业生涯路径；但这样的路径往往会使人不愿意放弃自己的社会地位、巨额的银行账户，或是乡村俱乐部的朋友。对于一些生活富裕的人来说，这些力量将自主创业风险的缺点进一步放大——尽管对于别人来说正好相反，它们提供的是额外的动力和诱惑，使人能够更好地理解来自成功的赞誉。从某种程度上讲，企业家精神就是对风险进行评估，然后准确地把握机会。当然要去评估商业领域中的正面和负面因素；不过，如果说你有什么东西可能失去的话，那就是你面对的不利因素也许比霍雷肖·阿尔杰描述的街头顽童还多一些。

尽管存在着这种额外的不平衡，但一些富有人士仍然愿意倾其所有、孤注一掷去冒险创业，藉此来进一步证明他们的勇气。对于他们来说，缔造一样东西，并向自己或他们的父母，或是他们的同龄人证明：他们在这个世界上所拥有的领地，本是源自其个人智慧、魄力和技能——这些东西所带来的强大吸引力，让他们不再担心失败，不再愿意穿行于充斥着只被视为“寄生虫”“信托基金婴儿”“幸运精子俱乐部”成员或 “唯一继承人”的生活。他们能够失去的东西太多，但有时他们却赢了；而且有时赢得很多。

* * *

弗雷德·史密斯四岁的时候，他的父亲就去世了，并给他留下了一大笔“遗产”——一条客运线路和一家快速服务连锁餐厅。1944年出生于美国密西西比州的史密斯，可以用“出身富贵”来形容，已故的父亲留给他和两个姐姐共享的信托基金高达1400万美元。1962年，史密斯开始就读于耶鲁大学，在那里他加入了新英格兰社团，和他一同加入的还有他的同学乔治· W.布什和约翰·克里。毕业后，史密斯参加了美国的海军陆战队。他作为一名排长参加了越南战争，并在战争期间执行了超过200次飞行任务。当他于1969年复员时，上尉史密斯带回家乡的是一枚银星勋章、一枚铜星勋章和两个紫心勋章。回到美国之后，史密斯几乎没有浪费一点时间，就立即开始了创业行动。他动用了75万美元的遗产，购买了一家总部设在阿肯色州小石城的航空维修公司。在他的带领下，公司业务迅速增长，并增设了飞机经纪业务。公司第二年的年收入高达9亿美元。然而，史密斯拥有着更为宏大的设想，并决定实现它们。

在耶鲁大学就读时，史密斯曾经在辅修过的一门经济学课程中写过一篇论文，内容是关于随着商业世界变得越来越计算机化，它有可能会迫使整个经济发生变化。史密斯明白，当企业开始用复杂的设备来代替人工的时候，就会要求这些机器时刻不停地运转。史密斯当时的想法是，创造一种新型的物流体系，来向用户快速交付备件，以使那些昂贵设备的停机时间降到最少，如飞机和办公自动化设备。当然，史密斯的目标是很容易描绘的；然而，要想搞清楚如何设计和实现一个最先进的全国物流体系，最终被证明要复杂得多。

巨人的脚步

史密斯的目标是，确保重要的、价值昂贵的货物可以迅速送达那些需要它们的地方。他认为，完成这个任务的最好方式，就是建立一套大型网络，将全国各地的飞机和运货卡车整合在一起，这样一来，供应商们就可以在几乎一瞬间将货品从一个地方运送到任何一个地方。史密斯的创意是，让他的公司在白天从各地收集包裹，然后每天晚上将它们用飞机运送到一个“中心地点”，在那里对包裹进行分类，并重新装到飞机上，而这些飞机会将其送往最终目的地；抵达之后，由卡车车队在第二天将其送达每个收件人手中。当时，类似的概念已经在金融服务行业中得以运用，那就是某个特定交易所需的书面文件，被收集和集中在一个区域，然后由速递员在次日交付给客户签署。为了使他的创意得以实现，史密斯需要价格实惠的飞机，它们可以携带合理数量的货物，而且飞行速度快。幸运的是，此时法国达索飞机制造公司正好推出了“猎鹰-20型”飞机，这是一款10座小型商务机，正好能够符合以上要求。接下来，史密斯还需要开发出一套航线系统，使飞机不要在空中或地面上浪费太多时间。他最终围绕着基于“核心区+周围辐射系统”的新拓扑结构设计出了一个航线网络，它能够将从发件人那里收集包裹，到最终交付给收件人所花费的时间降到最少。

大多数企业家最初创建的企业往往规模较小，这使得他们能够检验自己的创意，并且随着时间的推移来进行磨合，然后在资源和经验都逐渐丰富之后，才将其加以扩大。而史密斯的创意和网络设计，根本无缘利用这一有利条件。他必须有大量的飞机、卡车、员工和客户，才能让业务真正运转起来。史密斯决心已定，他一定要在分布全国各地的至少20个城市中推出自己的服务，这样才能够发展足够的流量，使自己的业务得到支撑。这将需要相当大的前期投资和耐心，忍受长时间的亏损来证明他的经营理念——这是一种游离于大多数初创公司规范之外的举措。史密斯不仅需要大量的资金，还需要建立一家准备和他一起冒险的商业组织；之后，他还需要众多的信息系统，来跟踪包裹、飞机、卡车和人员，以使该公司能够提供各种水准的客户服务。

启动任何新的创业公司，都要面对大量的挑战。而开创一家新的创业公司，并且需要在一开始就上规模，是与那些最被广为接受的商业惯例背道而驰的。史密斯是个只有二十七岁的青年，在现实世界中的工作经验十分有限。然而，他曾在越南负责指挥手下的数百名士兵长达几年之久，因此他毫不畏惧。他看到了一个巨大的市场机遇，然后就勇敢地冲向它。他意识到，如果他能够克服自己面临的挑战，迎来的将是巨大的成就。

19世纪初期以来，美国邮政总局一直承担着全美各地绝大多数邮件和包裹的运输业务。因为缓慢和不甚连贯的服务，它的声誉几乎可以用“极其恶劣”来形容。然而，正是因为它是在一种管制垄断的状态下经营多种类型的邮件业务，这使得只有少数几家公司能够在范围有限的几个小众市场开展经营。例如，铁路快运公司（Railway Express）和美国联合包裹服务公司（UPS）也在利用现有的铁路和货运基础设施，经营加急配送包裹。1953年，UPS也开始利用客运航空公司闲置的货运能力，提供为期两天运达东海岸和西海岸的快运服务。

当弗雷德·史密斯决定开始运营他的新公司时，美国全境的货运是一个规模巨大的产业。在美国，每年约有15亿吨的货物发出，但由于涉及巨额开支，只有最贵重的或是时效性要求很高的货物才会通过航空运输，占比不到2%。而且，这个行业高度分散，数以百计的本地货运公司，作为货运代理夺取了大部分的业务。因为它们拥有客户关系，以及揽收和运送的系统设备，并与客运航空公司和美国邮政有着协调合作。其中，金刚砂空运公司（Emery Air Freight）是最大的货运代理。此外，航空货运公司（Air Cargo Inc.）这家由26家不同的航空公司组建的合资企业，旗下拥有一家货运企业，它在全国各地的许多机场提供货运服务。

直到1978年，只有美国邮政总局被授权提供文件递送服务。然而，客户们被价格畸高却质量低下的服务所困扰，强烈呼吁该服务替代品的出现。于是，史密斯开始游说国会，希望能带来法规上的变化，而这成功地促进了对长期存在的《私营快递法规法案》的修订，它开始允许私人运营商来运送某些类型的出版物和文件，只要隔天到达的邮件邮费是邮局邮费的两倍以上。如史密斯所预言的那样，如果公司愿意为那些时间要求较高的文件和备件，为更快和更可靠的服务支付额外的费用，那么他定将拥有一个非常有吸引力的业务基础。

比起航空客运业务，航空货运业务有很大的不同。首先，货运可以在夜间飞行，有效利用不太拥挤的机场和空域。其次，根本不需要每天提供多个航班，因为大多数企业并不需要在正常工作时间内进行多次投递交付。第三，货物、包裹或是文件的揽收和投递，给企业带来了显著的规模经济，因为车辆在揽收点和交付点之间行驶的距离较短，出货量的密度大大增加。然而，与航空客运相比，货运需要更多、更复杂的地面处理——因为航空公司的旅客们能够自己往返机场。另外，由于递送线路数量的增加，会带来分类处理复杂性的提高，这也会导致规模不经济的弊端。

每天，美国联邦储备银行体系（以下简称“美联储”），都会将数以百万计的业已取消的支票递送于各个商业银行之间。史密斯由此作出结论：政府机构将会成为他的新公司的完美客户。1971年5月，他成功地获得美联储堪萨斯城分行高层管理人员的关注，并向他们推销次日达空运的想法，作为节省注销支票过程所需时间的一种措施。在他的建议得到对方的回应之后，史密斯一鼓作气，正式注册成立了新公司——“联邦快递”（Federal Express），很大程度上，是对这个潜在大客户的一种示好。他公司的早期运作资金50万美元，来自于他的个人基金和家族信托部分。感觉很有信心获得这笔大合同的联邦快递公司，又从一家地方银行借入360万美元资金，购入两架“猎鹰-20型”飞机。这笔借款由他的家族信托作保，两架飞机也成了抵押品。但1971年8月，美联储却拒绝了史密斯的提议。这使得他新成立的公司，只有两架漂亮的飞机和360万美元的债务，却没有客户，更没有资金来开展业务了。

顽强地坚持

与所有性格顽强的企业家一样，史密斯不为所动。他制订了一个计划以筹集更多的资金，并聘请了两家咨询公司，来评估联邦快递服务的潜在市场的大小。他意识到，他需要来自外界的对公司潜力的额外佐证，来吸引大量的投资者。两家公司的市场研究得出的结论都是：联邦快递拥有很大的市场潜力，但它需要占据全国每年2040万单50磅以下包裹出货量的11%的份额，才能达到收支平衡。两家咨询公司预计，公司必须能够满足三年的满负荷运转，并需要1600万美元的额外资金，才能达到这个里程碑。尽管如此，这两家咨询公司的首席顾问还是对联邦快递的市场潜力感到无比兴奋，他们甚至加入了公司，担任高级管理职务。

此外，史密斯还不得不对他的“猎鹰-20型”飞机进行改装，因为它们原本是客机，并不是为货运设计制造的飞机。他还必须确保联邦政府对其进行通融，允许他使用这两架飞机，因为它们太重，无法被归类为“空中的士服务”。这将为公司背上沉重的额外政府监管负担。史密斯亲自去华盛顿游说国会，最终于1972年7月成功地令相关法规得到修订。

弗雷德·史密斯还怀有更大的梦想。要达到规模经济，联邦快递将必须运营两架以上的飞机。 1972年7月，该公司又购买了八架猎鹰飞机，并因此而背上了总计1600万美元的贷款，其中包括史密斯个人担保的一笔。现在，拥有足够数量飞机的联邦快递，已经展示出基本的运输能力。它击败了所有其他的投标人，最终赢得了它的第一份合同。公司将以每月30万美元的价格，负责承揽下美国邮政的周末快递业务。联邦快递已经做好了腾飞的准备。

最初，联邦快递的总部设在阿肯色州的小石城。然而，史密斯和他的团队承认，将这里当作包裹分拣的主要集散地，或是用来优化其航空编队的飞行时间，根本算不上一个理想的位置。在选定最佳的经营地点方面，联邦快递公司需要尽量减少冬季严寒和夏季雷暴天气带来的潜在影响；与此同时，它的附近还需要有一处拥有足够飞机跑道和全国最先进着陆仪器的机场。

弗雷德·史密斯对公司的发展抱有非常高的期望，所以他希望在他的总部所在地，有一个成本相对较低、未受工会控制、数量相对丰富的劳动力群体。联邦快递公司发现，如果总部位于田纳西州的孟菲斯市，就能够满足公司的各种需求；而当该市政府又主动提出发行期限长达21年的一般性公债券，以资助新的分拣中心设施的建设时——这将带来急需的就业机会——公司立刻就确定了其新总部所在地。

史密斯所希望提供服务的性质，决定了它需要大量基础设施的建设，而这意味着，在任何有意义的业务产出之前，公司先要投入庞大的前期固定成本。为了让他的商业举措获得成功的机会，联邦快递公司需要花费大量的、远远超过史密斯个人家庭资产可以承受的资金，而这也由此成为他筹款实力的“大考”。1973年2月，史密斯为了2000万美元的债务和股权增资，来到了久负盛名的投资银行怀特威尔德公司（White Weld）寻求帮助。在项目开始之前，怀特威尔德公司要求史密斯本人投资200万美元。他以家族信托作为抵押担保，向联邦国民银行小石城分行申请了这笔贷款。史密斯担心，他的姐姐们不希望自己能够继承的遗产被他的商业冒险绑架。因此，他决定根本不向她们谈及此事。据称，他自己准备并签署了一份信托理事会会议备忘录，对这一抵押担保行为进行授权，但这并未得到她们的许可。

为使其包裹快递服务于1973年3月能够正式推出，联邦快递公司已经将运营机构准备就绪，以支持在全美范围内五个城市的揽收和九个城市的递送业务。此外，公司还提出了一个营销和销售计划来吸引首批客户；制定出了服务价目表；采购了运输卡车并雇用了司机；根据集散地孟菲斯市的业务量，招募新员工对包裹进行分拣；并建立了综合信息系统与财务系统，对每个包裹进行跟踪，对每个账户进行管理。公司管理层曾预计，在开业当天，联邦快递的业务数量将达到300到400个包裹。然而，第一天的业务量总计只有六个包裹。公司因此推迟了运输机组的正式启用，并利用商业航空公司，将这几个包裹直接运送到预定的目的地。

为了产生真正的商业意义，联邦快递公司必须在足够多的城市提供服务，并借此吸引到足够多的客户。然而，在更多的城市开展业务，需要更多的飞机、更多的人、更多的车、更多的资金——多得多的资金。直到它可以筹集到必要的资金之前，联邦快递还将继续使用客运航空公司递送它的包裹，因为这仍然是最具成本效益的方法，即使它已经出资收购了所有自己的飞机。1973年4月，弗雷德·史密斯又出去筹集更多的资金了。有人把他介绍给查理·李（Charlie Lea），这位美国风险投资业的先驱，他的公司新阁证券（New Court Securities）负责管理罗斯柴尔德家族的7500万美元资金。在20世纪70年代初，市场上风险投资公司的数量本身就非常少，大部分公司都没有坚持到享受创业公司的巨大成功就不复存在了。在对商业机会进行审查之后，新阁证券拒绝了对联邦快递的投资。新阁公司明白，一旦联邦快递公司的业务达到盈利临界点，它每一件包裹的边际利润增量是非常可观的。但它作出了“联邦快递风险太高”的结论，因为在它产生足够的业务量并变得有利可图之前，发生大面积亏损的可能性太高了。

然而，弗雷德·史密斯毫不气馁，继续对公司的运营进行磨合，包括让他的飞机在全国各地运输空箱子，以确保公司能够提供高水准的服务。自公司诞生的那一天开始——从公司注册成立之日起的22个月中，共融资2500万美元——在25个城市开展服务的联邦快递，在孟菲斯市包裹集散地运出了185个包裹。这是一个开始。

然而，资金——或者说是缺钱——继续像乌云一样笼罩着公司的未来。提供各种货物和服务的供应商们，逐渐变得焦虑起来，担心自己会收不到账款。一名飞行员不得不用他的个人信用卡支付了拖欠的着陆费；一位卡车司机则将他的手表变卖，以给他的送货车购买燃料。然后，到了1973年5月，公司几乎濒临破产，弗雷德·史密斯说服通用动力公司（General Dynamics），为其从大通曼哈顿银行获得的一笔2370万美元的贷款作担保，以换取一个为期四个月的期权，可以1600万美元的低价买下他公司80%的股权。联邦快递公司用这些资金，采购了更多架飞机，以支持在更多城市开展业务。然而，通用动力公司却任其购买期权失效，放弃了入主联邦快递的机会。1973年7月，在一次失败的筹款之旅的回程途中，史密斯绕道到拉斯维加斯。在那里，他在赌桌上将自己的几百美元变成了2.7万美元，然后返回到孟菲斯市付清了拖欠已久的燃料费。

此时，联邦快递的经营已经到了岌岌可危的地步。因缺乏资金而摇摇欲坠的公司，却仍在努力地证明着自己的理念。到了1973年的年中，公司每天的包裹业务量达到1000个左右时，查理·李也改变了主意，决定同意领投公司的新一轮融资，以吸引来自其他风险投资公司的资金。此时，史密斯已经向公司投资250万美元自有资金，以及来自其家族信托的540万美元。1973年11月，联邦快递公司筹得2450万美元的新股本，以及新增贷款2750万美元；但这还是不够。

这些曾在联邦快递公司建立初期，对其不断造成冲击的不利条件都不算什么。一个对公司管理团队和相关核心业务更为严酷的具有里程碑意义的考验，终于在1973年年底出现了。为了回应美国政府在“赎罪日战争”（即第四次中东战争）期间支持以色列的行动，一些中东国家采取了报复行动，对美国实行了石油禁运。石油输出国组织所采取的这一行动，对于联邦快递公司来说，产生了近乎灾难性的负面影响。它不但使得美国步入了经济衰退，更令航空燃料价格陡然增加了五倍。尽管如此，到了1973年年底，联邦快递公司每天递送的快件数量已经达到了3000个。

联邦快递公司正在力图加速其业务扩展，并预计在1974年，公司将消耗400万加仑的航空燃料。然而，在1974年1月，美国国会颁布了《紧急石油配给法令》，将按照航空公司1972年的使用量配给航空燃料。这一新规意味着，联邦快递公司仅有权使用100万加仑的燃料。像以前一样，弗雷德·史密斯又一次前往华盛顿，试图说服国会议员和监管机构，他的公司理应获得更多燃料。他最终得到了他所需要的400万加仑的航空燃料。

尽管华尔街的股市跌跌不休和经济衰退不断深化，但联邦快递的业务量还是在不断上升。虽然公司的收入增加了，但它每月的亏损总额仍然高达约100万美元，这促使弗雷德·史密斯不得不走出去筹集更多的资金。企业积极向好的趋势，抵消了严峻的经济环境，使得公司能够募集增量债券，并进行两轮新的股权融资，这对于他来说当然是个好消息。在每一轮股权融资中，联邦快递公司都被迫以较低的价格出售其股份给风险投资公司——它们对于仍未盈利的公司依然持谨慎态度。然而到了1974年年底，公司每天的包裹业务量达到了一万个，联邦快递每季度的业务增长率高达20%。

在史密斯的姐姐们的要求下，美国联邦调查局开始调查史密斯几年前伪造的家族信托担保函。公司欠佳的业绩和史密斯的不道德行为，让家庭关系一度陷入紧张。1975年1月，史密斯被一个大陪审团以伪造文件，以及作为家族信托的受托人违反受信责任的罪名起诉。到了年底，他被判无罪释放，并随后与他的姐姐们在法庭外达成和解。

公司的经营收入终于超过了巨额的固定成本——飞机、卡车、人员以及联邦快递的业务模式中不可或缺的设备，而公司也在1975年首次实现了盈利。随着公司业务的蒸蒸日上，联邦快递也开始了一系列标志性的电视广告宣传活动，以进一步突出其次日达快递服务的质量和可靠性。到了第二年，联邦快递的员工人数增长到2000名，公司拥有32架猎鹰运输机和9架其他型号飞机，500辆从赫兹公司租来的货运车辆，在遍及全美的75个城市开展业务，平均每天运送包裹1.9万个。到了1978年5月公司首次公开募股时，与历史上任何其他公司相比，联邦快递公司吸引了更多的风险资本。在扭亏为盈之前，它总共“吞下”了高达9100万美元的风险股权投资。弗雷德·史密斯已成功地经受住了历史上对于新公司来说最为严酷的挑战。在这一过程中，他也创建了一家历久弥坚、深刻改变了全世界经商方式的伟大公司。他自己也承认，在那个时候，创建这样一家公司——它具有如此大规模的前期资本需求，还需要政府对现行法规进行改变，其商业模式的成功需要以大量开通业务的城市为基础——完全可以用“鲁莽”二字来形容。但是在1998年的一次采访中，史密斯说：“我愿意去抓住这个机会。因为失去什么东西，已经不是这个世界上可能发生在你身上的最糟糕的事情。我（在越南）就已经很清楚地看到了这一点。”

* * *

成功的企业家们能够抓住机会。他们相信自己及其想法的程度，可能超过他们的背景和经验告诉他们的“合理程度”。但是，一旦他们专注于某件事，他们的决心和毅力就会大显威力。在解决问题的时候，他们会展示出非比寻常的聪明才智和创造力。他们表现出一种强烈的求胜欲望。弗雷德·史密斯就具有这种欲望。泰德·特纳也是这样的人。

泰德·特纳曾经说过，“如果我再谦虚一点，我就是个完美的人了。”泰德·特纳这个人并不是完美的，但他创建能够有利可图的新企业的能力，以及往往冒着失去他所拥有的一切的风险，试图把规模做得更大的特点，则令他独树一帜。特纳对于自己的信念，怀有足够的勇气。他不止一次地将全部身家赌在他的生意上。弗雷德·史密斯从他的父亲那里继承了足够多的财富。原本他可以生活得非常安逸，无需冒这么大的风险去创建联邦快递公司，但这并没有阻止他创业的脚步。泰德·特纳则在1963年继承了特纳户外广告公司数以百万美元计的广告牌业务，那一年他的父亲自杀了。当时，特纳只有二十四岁，而他的家族企业已经深为债务所困，尽管其在美国东南部的广告牌业务方面占有相当大的市场份额。为了公司的生存，特纳的父亲卖掉了佐治亚州亚特兰大市的分部。不久之后，他就把一支手枪插进嘴里，并扣动了扳机。对于亚特兰大未来的市场潜力，他的儿子有不同的想法。他相信它可以为实现这个家族企业的盈利作出贡献。通过采取非常强硬的措施，包括威胁要在已售出的广告牌前竖立新的广告牌，并且重新雇用了一些前员工，特纳成功地用价值20万美元的股票回购了亚特兰大分部。

自我媒介追求卓越

在随后的几年中，特纳成功地建立了他自己的传媒企业，游走在冷酷无情和创造力爆棚之间的他，也得到了他想要的东西。在作出投资决策时，他完全是基于直觉和勇气，然后让自己和身边的人都取得了全新高度的成就，通过这样的方式来达到他预期的目标。户外广告牌业务提供了稳定的现金流，支撑着特纳拥有更大份额媒体业务的愿望。1968年，已经对广告牌业务失去太多兴趣的特纳，变得一发不可收，开始向无线电广播进军，在美国南方地区收购了不少电台，其中几家需要完全重建。1969年，特纳又迈出了一步，他开始收购电视台。他的第一个收购对象——“17频道”——是一家位于亚特兰大市的超高频电视台，它当时竟然没有播彩色电视节目，而是继续播黑白电视节目。这家名不见经传的、老掉牙的本地电视台，正在不断经历着亏损。收视率低，设施差，节目花样有限，传送信号偏弱的“17频道”，似乎并没有继续存在下去的理由。特纳的朋友和商业咨询顾问们纷纷劝告他，不要用自己的广告牌业务的现金流，来补贴这个电视台高达50万美元的年度亏损；但特纳不为所动。正为未来的电视广播前景无比兴奋的他，用他价值250万美元的本公司股票收购了这家电视台。然而，特纳深深地懂得，与广告牌和广播电台一样，一家电视台的成功来自于广告销售；而特纳恰恰知道怎么卖广告。他可以施展个人魅力，提供充满激情的讨论来吸引新的广告客户。像沃特·迪斯尼和休·海夫纳一样，他懂得如何利用一个通信媒介来支持另外一个。在亚特兰大市，他用自己的未售出的广告牌空间来宣传他的新电视台。为了提高收视率，特纳从全国广播公司（NBC）那里借鉴了滚动播出的做法，而这种做法在NBC的地方机构中并没有被采用，因为地方台在某些特定时段，有其他优先播放的节目。因此，当亚特兰大市的其他电视台正在播出新闻和宗教节目时，"17频道"则提供老电影和情景喜剧重播。在短短几年内，该电视台就开始盈利，并很快开始产生巨大的利润。特纳把赌注押在了他的公司上，并且取得了巨大的胜利。

1972年，"17频道"买下了亚特兰大市的棒球大联盟劲旅——亚特兰大勇士队——每年60场比赛的转播权。这一举措立即使收视率得到提升。然后，在1976年，他通过仅出少量现金，并承诺未来十几年内支付其余收购款项的方式，收购了该球队，特纳成为了第一个拥有自己电视台的棒球队老板。这使他可以充分利用二者之间的业务互补关系。作为球队老板，他现在拥有勇士队全部162场比赛的转播权。这使他能够用大量的原创节目来充实每天的播放时间；而如果要播放老电影和情景喜剧，购买版权则是极其昂贵的一项支出。

如果说同时拥有电视台和棒球队可以用"好"来形容，那么与当地的篮球队——亚特兰大老鹰队——来复制同样的策略，就可以称为“好上加好”。这正是特纳所做的事情，一点儿也不令人惊讶。到了20世纪70年代中期，公司已经改名为特纳通信公司，成为了一家综合性媒体公司，向用户们提供电视、广播电台和广告牌业务，产生的巨大现金流正好满足了其领导人寻求另一个全新挑战的需求。此时，广播电视行业中的新潮流，是能够实现一点对多点传输的卫星通信：将电视信号传输到卫星转发器上，通过它向广泛的地理区域进行传输。相比通过微波和电话线传输，视频信号的卫星传输方式，为那些希望向美国各地雨后春笋般涌现出的成千上万的独立有线电视网络运营商们提供节目的电视台，提供了一项意义重大的改进。主推二十四小时播放的专门电影频道HBO台，成为了有线电视节目的早期先锋。泰德·特纳也想拥有自己的二十四小时频道。在尚未得到政府批准，也没有得到轨道卫星转发器空间的情况下，他就开始动用资金建立自己的专用发射装置。与弗雷德·史密斯一样，泰德·特纳不得不去克服重大的监管障碍。他亲自游说美国国会，以确保他的公司具有卫星传输能力；而当时的传统电视台网络，则希望停止所有的卫星电视传输业务。

特纳为他的“17频道”起了一个新名字——超级电视台WTBS。在节目源有限的时代，各地的有线电视运营商们，对于能够获得更多的节目，是怀着感激涕零的态度的。他们注册了端口，以获得特纳公司提供的情景喜剧重播精选、亚特兰大体育台和老电影回放等内容。由于每家有线电视运营商只为这些电视信号支付了象征性的费用，因此他们可以在向用户提供的基本包月套餐中加入“超级电视台”频道而不另行收费，而这在其他地方是无法想象的。“超级电视台WTBS”成为第一个广告客户支持下的、能够在全国范围有线电视系统播放的有线电视台，这使得全国的广告客户们都能够更加容易地进入这个庞大的市场。

现在，特纳拥有了一个不断发展壮大的媒体帝国，获得了更多的卫星转播时间，并搭建了一个遍及全国有线电视运营商的网络，他再次开始冲锋，寻找新的方式来扩张企业。他深刻地理解到，专有版权节目能够造就成功的有线电视频道。但是，市场上存在着如专做体育节目的“ESPN体育台”，主打原创节目的电视网络，以及专攻影视的HBO台，特纳看到了他能够涉足的唯一剩余空间——新闻。在纽约，泰德·特纳模仿全新闻电台塑造了他的电视新闻新概念。没有人曾经想象过，某个电视台会一周七天、一天二十四小时不间断地播出新闻。这很有可能面临着巨大的前期成本，预计在达到收支平衡点前要投入5000万到1亿美元，看上去绝对是个天文数字。另外，让观众们能够及时收看到世界各地发生的重要事件的影像，则是更加艰巨的任务。可这绝对难不倒泰德·特纳。

泰德·特纳之前进行的商业冒险，已经使自己对卫星技术有了深刻的理解。卫星技术已经将有线电视和美国三大电视网——美国广播公司、全国广播公司和哥伦比亚广播公司全国的分支机构和海外新闻处——之间的鸿沟填平，它们之间现在是公平的竞争。然而，在这个国家，真的会有人整天开着电视，收看每晚三十分钟精编的国内和国际新闻，追着诸如沃尔特·克朗凯特、戴维·布林克利、切特·亨特利、哈利·里森纳和弗兰克·雷诺兹这些新闻主播吗？特纳也不并希望他的二十四小时新闻台网络，每天只是在简单地向他的卫星转发器可以覆盖到的全国观众们播出与当地火灾、警察记事簿或其他寻常事件相关的故事。如果没有优质的内容，新闻台就没有观众；而没有观众，就没有广告和有线电视费；没有广告收入，泰德·特纳失去的就不仅仅是他二十四小时不间断播出新闻的渴求，更是他的整个媒体帝国。

再次孤注一掷

在推出CNN方面，泰德·特纳向世人证明了他坚定的决心。他聘请了众多精明强干的电视新闻人、采访记者、制片人、导演、计算机图形艺术家、技术人员以及新闻记者。他采购了最新的播送设备，并亲自向全国各地的有线电视运营商推销，说服他们将新频道加入其现有的节目组合，与此同时，他还在积极开发全国的广告客户。为了帮他的新合资企业筹措资金，泰德·特纳于1980年以2300

万美元的价格，卖掉了他在北卡罗来纳州夏洛特市的电视台。包括许多新闻和广播界人士在内的大多数人都认为，泰德·特纳再一次头脑发热了。而且，这次建立一个全新的、专门播送新闻的有线电视频道的努力，最后可能会让他输得连衬衫都不剩。

然而，伴随着其努力本身的，是接踵而至的各种烦恼。1979年12月，将会承载CNN电视信号的RCA卫星，因为地面系统出了故障，在发射时发生了爆炸。没有卫星转发器，就意味着没有CNN。而泰德·特纳并不愿意眼看着他的商业冒险，在有机会见到曙光之前，就这么不明不白地死掉。他亲自飞赴纽约展开谈判，以获取现有的RCA卫星备用转发器，试图从潜在竞争对手的电视台那里占得先机。他成功地做到了这件事。在1980年6月1日，他终于成功地推出了CNN，可这和“马到成功”还有很大距离。许多有线电视运营商尚未和泰德·特纳签约，采购他新推出的新闻节目；另外，根深蒂固的新闻机构网络，正在尽一切努力将CNN从新闻提要、视频节目和图片新闻中屏蔽掉。CNN开始行使其合法权利。它对这些新闻机构网络展开了起诉，以确保公平竞争，并最终胜出。像许多初创企业一样，CNN最初的日子也并不好过。由于缺乏订户和广告客户来覆盖其成本，CNN每月的亏损高达200万美元。随着CNN不断提高其新闻采集能力，它的亏损越来越多。然而，雇用专职的视频摄制组和新闻记者，在全世界范围内采集所有的重大新闻，对于

CNN来说是不可能的。此时，CNN又一次发挥了创造性。为了减轻这方面的负担，CNN开辟了新天地。它试图成为一个信息交流中心，与现有的电视台网络会员共享新闻——这些电视台不愿意坐等重要新闻在电视台网络的晚间新闻节目中播出，而是希望实时收到其他电视台采编的新闻信号。通过这种合作共享安排，CNN等于只花了一小部分资金，就成功“复制”了整个电视台网络的采访基础设施，站在了众多地方电视台的肩膀上。

慢慢地，CNN将电视新闻节目，从每天晚上播出一次的当天新闻事件的“汇总”，转变成为实时的新闻节目，观众可以立刻观看，甚至几乎可以现场参与，这是现有网络的电视新闻节目根本没法比拟的。当重大新闻发生在白天时，CNN就表现出了明显的竞争优势。而且，在全国各地乃至世界各地的观众，终于开始愿意付费来及时收看新闻实况。收视率开始提高了。随着现有电视网络面对巨大的预算压力，不得不裁撤它们的新闻采编机构——尤其是在美国海外——或变得更加娱乐导向，CNN开始通过提供“实时的历史”来填补这一空白，而这进一步巩固了其在市场上的主导地位。每一个观众都实实在在地变成了CNN的更多收入。与“超级电视台”不同的是，泰德·特纳向有线电视运营商收取每个用户每月20美分的费用，这与日益增长的广告收入现金流相得益彰。不仅如此，他现在还可以通过多个有线电视频道来分摊他的运营成本，从而可以充分利用销售、有线运营商关系以及日常开支的协同效应优势。另外，与其在户外广告牌业务时的措施如出一辙，泰德·特纳利用未售出的广告时间段，作为宣传其他有线电视节目的契机。

更短的观众注意力跨度，以及对重复利用内容能够提高利润的深刻理解——这简直和沃特·迪斯尼如出一辙——促使特纳于1981年底开设了一个新的有线电视频道——CNN头条新闻。该频道每隔三十分钟，就能够为观众提供国际和国内事件的最新进展，这证明了特纳的又一项重大成功。这也令潜在竞争对手望而却步——他们开始明白，这位意志坚定的企业家，已经在本该由他们独霸的特殊小众市场中，打造出了一桩全新的且有利可图的生意。两个有线新闻频道一起，能够提供足够的收入，来支撑大多属于固定成本性质的新闻采访和电视播送业务。

不过，泰德·特纳并没有止步于CNN和CNN头条新闻两个有线频道。手握日益扩张的、向遍布全国有线电视运营商提供独到内容的媒体强权，特纳在1986年又通过收购米高梅电影库来着手扩大他的媒体帝国。泰德·特纳再次把他的公司当作了赌注，他同意为这一收购标的资产斥资12亿美元。此举将随着时间的推移而被证明手段高超，然而在当时却将特纳拉到了财务危机的边缘。米高梅电影库构成了一个新的有线电视频道的基础，这就是在1988年隆重推出的“特纳网络电视”（Turner Network Television，简称TNT）。

1991年，特纳又收购了另一个独特的节目库——汉娜—巴贝拉许多动画节目的版权，并使其成为了动画网络频道的基础。1991年，《时代》杂志提名泰德·特纳为“本年度风云人物”，称赞其在过去十年的媒体革命的领导地位，是有线电视行业的先驱。最重要的是，泰德·特纳通过CNN将世界紧密地联系在了一起。

在1995年并入全国最大的媒体集团——时代华纳公司之前，泰德·特纳仍然在不断地为自己的企业添加新的元素。这对于一位出身佐治亚州的创业家来说，是一个至高无上的成就。他向自己和周围的人们证明了，创业意志与对长远愿景不懈坚持的结合，可以带来突破性的成功。特纳说：“赚钱之于我来说，总是第二位的。我有兴趣为这一切进行冒险和挑战。”

与许多成功的企业家一样，泰德·特纳既不是天使，也不是什么道德和家庭价值观的楷模。因为他频繁的暴怒、粗言秽语、酗酒以及不断追逐女色，他被贴上了“来自南方的粗口”和“暴力船长”的标签。但是，随着他走向成熟，他越来越满意于已取得的商业上的成功，而这似乎从他的父亲去世以来一直在困扰着他。于是，他把他的注意力、精力和号召力更多地投向了慈善。

在冷战仍在肆虐的环境下——从1980年洛杉矶奥运会和1984年莫斯科奥运会上，由美国和苏联发起的相互抵制运动中可见一斑——泰德·特纳为促进世界和平，于1986年发起了第一届友好运动会。他在这一大胆尝试中亏损了2600万美元，在莫斯科接待了来自74个国家的超过3000名运动员；之后，他于1990年在华盛顿州的西雅图市再次举办了这项盛会，这次的亏损高达4400万美元。毫不气馁的特纳，又连续举办了数次，才将其叫停。之后，在一次挑战其亿万富翁伙伴们所经营慈善活动不足之处的大胆尝试中，特纳赢得了更高的赞誉：他在1997年向联合国的各种项目捐赠总计高达10亿美元——这堪称是其职业生涯的一个更大的惊叹号。

* * *

史密斯和特纳真的是两个幸运儿吗？显然，他们有与生俱来的优势，其壮年时又有幸经历了技术迅速变革的时期。但是，并不应该将他们的成功归因于运气。绝不仅仅是运气。他们两人，在面对巨大的机会和不利因素时展现出了巨大的勇气和做事技巧，最后仍然以赢家的姿态出现在公众面前；而且是大赢家。试想一下他们创业道路上矗立的所有障碍吧。而他们敢于挺身而出，去对抗牢固的竞争、监管壁垒和资本约束，以及一个强似一个高唱着诸如“这个任务实在太过艰巨，失败早已注定”之类反调的人们。如果他们缺乏经营理念和执行能力，史密斯和特纳的家庭财富恐怕早已化为乌有。但他们仍然直面挑战，敏锐地看到了市场的某一空白点，他们总是能够找到一种方法来战胜这些挑战，最终化险为夷。他们总能够找到方法，坚持将引领市场的大旗扛在自己的肩上，并推动自己的组织向前行进。

伟大的创意，并不能保证成功。史密斯为时间敏感和高价值的货物开发出枢纽辐射次日送达系统，以及特纳推出“永不间断播出”的新闻视频服务，其创意不可谓不意义深远。然而，一个新的突破性概念无疑会对商业成功大有裨益，但它本身却仅仅是个开始；需要有人把这些概念背负到自己的肩上，并将其发扬光大。比起那些只能带来些许改善的创意，最强大的创意往往可以承受更多的痛苦、更多的执行错误，在商业海洋中经受更大的风浪。船仍然需要一名船长，飞机仍然需要一名飞行员。有效的领导力，是成功和失败之间最重要的分水岭。因为需要有人挺身而出负起责任，作出正确的战略决策，作为公司及其使命的高效代言人，从外部募集资金，招募并挽留其他的管理人员，吸引首批客户，随着外部环境的变化和压力的增长不断对运营作出调整。

将以上所有这些技能，整齐地“打包”在同一个人身上，是非常罕见的。擅长战略决策的人士，往往缺乏在管理大型组织方面必要的耐心或软技能，尤其是当公司正处在一个快速增长轨道上的时候。同样的，成功的管理能力要求另一种类型的个性，而并非创业期间的技能和风格。弗雷德·史密斯和泰德·特纳拥有创业能力和领导技能，他们能够围绕自己建立起高效运转的组织。其强烈的个性和远见，能够吸引管理人才，以对其公司建设的努力起到支持作用。无论是史密斯还是特纳，都不会用“应声虫”之辈来填充他们的管理团队；相反，他们精心挑选的人士，不但具有创业倾向，还拥有精湛的实用技能，可以有效补充领袖自己的不足。这二位企业家，不但拥有不可思议的视野，能够看到全新的、令人眼前为之一亮的东西，而且其内在的驱动力和激情，让他们的创意长青，在创业的过程中，总有画龙点睛的神来之笔。而这让他们事前的深谋远虑在事后看来，显得如此举重若轻。

TRANSFORMATIVE
ENTREPRENEURS

第4章
打破旧思维

....

天哪，这里没有规则；
我们会努力有所作为。
——托马斯·爱迪生

出众的资产负债表，经验丰富的管理团队，强大的品牌，运转良好的供应链，轻松获取资本的能力，唾手可得的现金流，早已成熟的长期客户关系——如果面对的是这样一群稳固的竞争对手，大多数创新企业大概在半路上就会死得很惨。试图通过提供一种新的产品或服务，来重新定义一个早已拥挤不堪的市场，仍然堪称创新领域最具挑战性的障碍。只有极少的所谓“全新概念”能够在产生之初就获得足够的吸引力，以致在成熟的市场上掀起波澜。有的时候，即使创意是好的，但实施它的过程却痛苦不堪，从而造成创业失败。有的时候，创意是个好创意，但竞争对手的反应却足够快，复制或修改，然后重新推出产品或创意的“化身”，最终扼杀了新进入者。然而，偶有时候，一位企业家能够构想出一个新的市场空间，或找到一个办法，借此把顾客体验发挥到极致，以独特的方式为新企业的成长和繁荣奠定了基础。

很多人认为，企业的创新主要是基于技术或科学层面上的新发展，比如一款新的软件、一种新电脑图像显卡，或是一种新的药用化合物；然而，他们忽视了一个事实：变革型企业创新，大多来自将新的商业模式应用到已有的套路上，而不是来自知识产权方面的扩展。想一想零售业中约翰·麦基的全食公司；斯坦·达尔伍德的美国影院综合体；迈克尔·戴尔的订单式个人电脑；山姆·沃尔顿的沃尔玛连锁超市；查尔斯·施瓦布的折扣交易公司；以及肯·艾弗森的纽柯钢铁厂。虽然这些企业都拥有全国最先进的信息技术，以支持它们的经营行为，但让这些企业家们独树一帜的因素，是他们开发出了一种新的满足客户的方式，或是显著改善了企业的基本经济状况，从而创造出自己的利润丰厚的市场。

很多脱颖而出的商业创新，都体现了模仿，以及成功的商业方式从一个行业到另一个行业的转移。大包装零售就为我们提供了一个经典的例子。创新企业家们看到了在某一个领域的成功，如玩具反斗城在玩具店类别中的成功之后，在其他领域也采取了类似的策略，如办公用品行业中的史泰博公司，以及杂货零售行业中的好市多公司。请牢记，亨利·福特的汽车装配流水线，其创意来自于他在肉类加工业所看到的做法；而泰德·特纳的美国有线电视新闻网，则是将纽约的二十四小时全新闻广播电台的概念带到了电视领域。睁大眼睛和开放头脑，往往会为成功的创业概念提供第一颗种子；而要在接下来的道路上获得成功，则需要做很多。

* * *

大多数的街头卖艺者，是通过娱乐路人的方式来勉强维持生计。他们不但要努力使自己的手艺变得精湛，还要企盼那些对于他们带来微笑的天赋和愿望表示欣赏的好心人们，能够施舍一些小钱儿。一位街头艺人，是杂耍演员、哑剧演员、魔术演员、杂技演员和小丑的结合体，但他并没有带给我们“地球上最伟大的表演”。要获得爆炸般快感的童年娱乐，大热门马戏团是必不可少的：三个巨大的圆形场地，每个场地中都有令人兴奋的节目在表演；来自遥远地方的充满异国情调的演员；大象和老虎；驯兽师；用羽毛装饰的马匹；五颜六色的小丑；空中飞人；夺命特技；戴着高大的黑帽子，脚蹬皮靴，表情严肃的马戏团总指挥；飞越铺满锯末的地板，落入一个大保护网中的人体炮弹；还有那些高光射灯。

自从18世纪中叶在英国成立以来，马戏团在城镇生活中至今已经有两百多年的历史了。今天的观众们——大多数是有小孩子的家庭——仍然可以一边大嚼着爆米花和棉花糖，一边享受传统的马戏表演组合，欣赏眼前这场视觉和听觉的娱乐盛宴。然而，作为一种娱乐形式，马戏团所受到的关注，已经因大型体育赛事、大型电影院、百老汇盛宴、大屏幕电视、摇滚音乐会的冲击而大大减少。

拥有较短注意跨度的“音乐电视一代”，此前已经亲眼目睹了这一切——高分贝的噪音，明亮的灯光，越来越多稀奇古怪的展示。穿越多媒体的高科技，需要真正独特的东西。

尽管大多数马戏团的人是出于对表演的热爱，而不是对财富的渴望，拥有一个马戏团已经不再是一个发财的途径——如果它曾经是的话。搭建帐篷和拆除帐篷的高昂成本；用卡车和火车，把规模堪比一支小型部队的演员队伍，从一个城镇运送到另一个城镇；喂养和照顾大型动物；试图吸引年轻观众而成倍增长的促销费用，令许多马戏团运营商纷纷陷于破产境地。此外，在今天的“政治正确”的世界中，动物权利保护者给马戏团运营商带来了进一步的压力——他们已经在这一独特的表演活动中，为了吸引观众们而如履薄冰。所有这些趋势都表明，至少在过去二十五年中，现代马戏团业务并不是一个赚大钱的主题。

艺术的再创造

由于观众萎缩，常规马戏团的经营一直处于长期的下降趋势，这使得他们很难实现盈利。街头卖艺者同样挣不了多少钱，他们从来都挣得不多。将两种娱乐形式结合起来，看起来倒像是一个破产的配方，但没有人费心去把这件事告知给居伊·拉利贝特和丹尼尔·戈捷。相反，拉利贝特，这位前风琴乐手，与他精明的业务合作伙伴戈捷，在1984年创建了太阳马戏团，还动用了加拿大魁北克省政府的170万美元艺术基金。而在几年前，两人就已经创建过一个马戏团，将其命名为“高高的高跟鞋俱乐部”（Le Club des Talons Hauts），并在魁北克市举办了第一场街头表演节。到了1984年，马戏团已经有20人，包括高跷表演者、音乐演奏者、小丑和杂技演员。在明亮的蓝色和黄色帐篷下方，他们在舞台上而不是在马戏团的圆形场地上表演，而且，并没有任何动物参加表演。他们的理想是成立一个马戏团，而且是那种非常不同的马戏团。

1984年夏天，他们成功地在魁北克进行了巡回演出。更名后的太阳马戏团在加拿大继续演出，但并未盈利。太阳马戏团的演出预算很低，他们缺乏资源来改进自身，或是摆脱被传统束缚的街头表演。拉利贝特的表演小组，1987年接受了洛杉矶艺术节的邀请，然后将所有的资金都花在了演出准备工作上。除非取得票房成功，否则他们甚至在年底都没有足够的钱回到魁北克了。幸运的是，太阳马戏团赢得了巨大的好评，在当地报纸上获得了大量的免费宣传，实现了其洛杉矶之行的目标。这对于到美国巡回表演的太阳马戏团来说，已经足够开启其独特的商业模式了。

有了其他街头表演者和经验丰富的戏剧导演的加盟，太阳马戏团开发出了一个能激发好奇心的娱乐组合体。它结合了原创音乐、舞蹈编排、色彩艳丽的服饰，以及来自世界各地的、引人入胜的表演实践——展示力量、平衡、动感，有时甚至会在观众们的头顶上进行表演。比起传统的马戏表演，太阳马戏团的受众群体更加成熟，更加上流，也更加年长一些。围绕一个中心主题和谐统一，太阳马戏团扮演的是一个令人肃然起敬的、令观众们拍案叫绝的角色。蹦床表演，高高跃起的空中飞人，演技纯熟的小丑，不带防护网的走钢丝表演……太阳马戏团与其说是马戏表演，还不如说它更像百老汇音乐剧或歌剧表演，而且，它表现出了更高水平的想象力。但比起传统的马戏团，它的运营成本更低，因为它没有使用动物表演，更没有什么巨星人物。它还可以收取更高的票价，因为儿童和年轻家庭不再是它的主要目标市场。太阳马戏团开拓出了并紧接着包装出了一个全新的娱乐产品，以更高的票价水平和更低的整体成本结构，来吸引不断增长的观众群。这对于一个成功的企业来说，是一个成功的模式。最初，拉利贝特和他的团队，通过一个直接简单的业务手段，侧重于建立一支独特的、在世界各地巡回演出的队伍，在他们标志性的蓝色和黄色相间的帐篷下，坚持了长达四年的时间。然而，将太阳马戏团转变为一个企业，而不是一系列的一次性舞台制作，却需要一个完全不同的心态和文化。拉利贝特面临的挑战是创建一个组织，让它不仅仅能够支撑一个节目，还能同时实现多个节目制作，使其能在许多地方进行表演。除了表演中创意层面的部分——内容、灯光、服装、音乐——这还意味着，需要聘用专业人员来监督未来的表演活动，训练演员，替换生病的演员，为训练中的演员提供住宿，确定适当的薪酬水平和激励机制，租赁训练设施，安排物流，等等。

太阳马戏团的收入主要来自门票销售。公司通过销售企业赞助和特许商品来充实这一现金流。由于太阳马戏团的目标受众是一个更为成熟的观众群体，因此其门票价格是与那些高端的百老汇表演保持一致的——最好的席位售价甚至高达200美元。此外，强大的品牌形象，使得公司最终成为创造力的代名词，而这已经变成了一个有吸引力的背景——那些大型企业有足够的兴趣，把自己和这种表演的独特性联系在一起。

到1992年，源于北美的太阳马戏团，已经将其触角延伸到了全世界。它通过各种巡回演出——其中包括在欧洲和亚洲的演出——每年能够销售出大约50万张门票。但是，为了促进商业扩张，拉利贝特决定，寻找一个永久的地址，作为“有固定场所的演出公司”，太阳马戏团将享受更低的运营成本，更强大的收入潜力。这一地址的选择，显而易见地放在了拉斯维加斯。在那里，经营赌场的老板们一定知道：一个大牌的表演公司在这里每天晚上举办两场表演，这种吸引力会让成千上万的人受到诱惑来到这里，并在他们的老虎机和赌桌前驻足。经过与各家赌场和酒店运营商的讨论，拉利贝特最终决定，将他的“帐篷”设立在米拉其酒店旁边，每天晚上举办一场表演，而酒店方面为此出资20亿美元，搭建了一个全新的、拥有1525个座位的场馆。从此，在拉斯维加斯的大道上，太阳马戏团有了一座永久的建筑物。它不仅将自己定位为具有显著的成长性和盈利性，而且将前期高额资本支出与特别设计的场地建设的重担推给了米拉其酒店。这意味着，太阳马戏团甚至在上座率仅有65%的情况下，都可以做到收支平衡。而实际上，通过口口相传吸引来的大量观众，令场地的门票售罄是经常发生的事情。马戏团的盈利水平，几乎和他们的表演同样令人惊叹。让巨大的前期开发成本，通过长达多年、多达数千场的门票收入进行摊销的能力，不禁让人想起了沃特·迪斯尼的业务举措之一。同样的，拉利贝特也探索出了一套系统的方法，来消化掉创造人物和产品的前期成本。例如，每七年左右，公司就会推出一些经典的视频影碟销售。拉利贝特虽然没有寻求明星艺人，或是创造出难忘的人物，但太阳马戏团用自己的品牌作为保护伞，为观众保证了高水平的创造力和敬业精神，因此很少有观众乘兴而来，败兴而归。

在拉斯维加斯，太阳马戏团发现了一个巨大的、愿意为演出支付高价格的全新观众群。拉利贝特很快就与拉斯维加斯的其他永久性场馆签订了长期演出合同，并为迪士尼世界创建了一套专属表演内容。将巡回表演和拉斯维加斯永久场地的结合，以及那种似乎无穷无尽的、创造全新而优秀内容的能力，将太阳马戏团稳步地从一个街头表演者们的家园，转变成一个大型的跨国组织。它聘用着成千上万的演员，运营着一个重要的营销部门，并且拥有一个物流部门，它能够应对每天都能在世界各地进行演出的挑战。

太阳马戏团已经成为一个黄金品牌，而它的盈利能力也被镀上了一层金。每年观看其演出的观众，在世界各地迅速增加，人数超过了1100万。到2010年，公司的收入超过了8.5亿美元，正在向2011年预计的10亿美元、营业利润2.5亿美元大关迈进。太阳马戏团已经在世界各地超过300个城市，为超过1亿的观众提供了表演。为了支持这一规模巨大的业务，太阳马戏团自身已发展成为5000人的庞大组织，从业者涵盖多种职业：一部分从事艺术创作，一部分负责营销，另一部分负责后勤。

一个简单的创意，在完全的包络式表演中得到了巧妙的实现。太阳马戏团把一个旧的商业模式发挥得淋漓尽致，早已成为研究中的经典案例。在其设在蒙特利尔的总部，太阳马戏团重新定义了马戏团给观众带来的体验，并以惊人的新作品不断改进自身，一直在促进这种包络感，从而使得该组织及其表演永远都不会变得陈旧。作为公司的领袖，居伊·拉利贝特已经构思出了一个独特的理念。这个理念强调创造力的延伸、机会的把握，以及在演出的质量方面加大投入。2000年，拉利贝特支付给戈捷约4亿加元，买断了后者持有的50%公司股份。其中的原因之一，就是他为了保护其艺术的独立性，而愿意让这个公司保持私有，正像克里斯托一样。拉利贝特认为，多数的大型企业永远不会做出前期投资，或是允许他自由创作。他认为，这种创作上的自由对于保证其公司以及日益精细化的产品充满活力，是非常必要的。尤其是当新的竞争者们出现并认识到向他的细分市场进军的潜力时，正是由于拉利贝特心里怀着一种不断将“极致创造力”推向极限的渴望，使他坚持不在这方面作出让步。即使是在太阳马戏团经历了唯一的商业失败——耗资2500万美元的百老汇演出《香蕉西皮儿》（Banana Shpeel）——之后，公司运营也已经回归正轨，这足以证明它能够克服失败。2011年，太阳马戏团又推出了新的原创作品，以扩大公司在纽约的知名度。

更丰富的节目，更多样的场地，更丰厚的利润，使得这个新型的马戏团变得更加神奇。从澳门到纽约，大约有23场表演在世界各地举办着，其中包括拉斯维加斯永久性场馆的7场表演。太阳马戏团的娱乐广度还在继续扩大。

太阳马戏团向我们展现出了如何以全新视野来面对业已长期存在的商业。太阳马戏团通过把“老路”中的致胜因素和新概念结合在一起，在客户的心目中创造出了迥然不同的体验，因而引领了一个全新的商业模式。这不但扩大了自己的市场，而且能够制定更高的价格，在大多数观察家们早已认定的“成熟行业”中，走出了一条快速增长的轨迹。太阳马戏团提供了一些新的东西，而它那近乎完美的执行，则为自己建立了鲜明的品牌形象，这又反过来使自己免受潜在竞争对手的冲击。

* * *

正是居伊· 拉利贝特萌生出的创造力和执行技巧，为传统马戏团的娱乐体验赋予了全新概念，并使其成为一个成功的企业。而在20世纪80年代，寻找一个新的商业模式，来振兴和改造传统的美式咖啡馆，在美国的餐饮界并不是什么优先考虑的事情。然而，那是因为大多数人都无法看到超越现状的可能，或是其中蕴藏的巨大潜在利益。对霍华德·舒尔茨来说，幸运的是没有人看到他所看到的一切；而对于世界各地所有的星巴克忠实粉丝来说，幸运的是霍华德·舒尔茨跑出了头一棒。

倾注的再创造

霍华德·舒尔茨在纽约市布鲁克林区的廉价福利房住宅区长大。他的父亲是负责运送尿布的工人。在中学时代，舒尔茨只是一个普普通通的学生。不过，他拿到了橄榄球奖学金，进入拥有老牌强队的北密歇根大学就读。1975年大学毕业后，舒尔茨回到了纽约，他的第一份工作是在施乐公司当推销员。四年后，他加盟了一家来自瑞典的工业公司——柏斯托公司，在其厨房和家庭用品业务线任职。在短短几年内，舒尔茨已经成为事业部的总经理，下面有20人向他汇报。

舒尔茨的故事让人联想起著名的雷·克罗克，他曾经是一位奶昔机推销员。1954年，克罗克曾经光顾过麦当劳兄弟公司设在加利福尼亚州圣博纳迪诺市的一家汉堡包店。随后他出资买下了这家公司，并把它经营成为世界上最大的连锁快餐店之一。1981年，舒尔茨出差到西雅图，去拜访公司的一个小客户——“星巴克咖啡、茶和香料品公司”——该公司从他们公司采购滴漏咖啡壶。这家咖啡店位于时尚的派克广场，以赫尔曼·梅尔维尔的经典电影《大白鲸》中的“皮廓德”命名，其商标标志则使用了一位16世纪北欧女神的剪影，它只出售全豆咖啡及与咖啡相关的商品，但并不在店内供应咖啡饮料。店主是一群咖啡爱好者，他们在十年前创办了自己的商店，最大限度地突出自身业务的价值，以及他们所出售的咖啡豆的品质。他们认为，那些更挑剔的美国人，会从低端的罗布斯塔咖啡，转换到在欧洲更为普遍的、更加高端的小粒咖啡上来。舒尔茨很快就领教了星巴克咖啡的市场潜力，但他花了一年左右的时间来说服店主们，他们已经发现了一个有吸引力的细分市场，他们可以向全美各地推出自己的零售概念。最初，舒尔茨略显强硬和积极进取的风格，与创始人们的悠闲文化似乎有点格格不入——他们看上去对自己的业务非常满意。最后，到了1982年，舒尔茨坚持说服星巴克的店主们，高端咖啡市场有着显著的增长潜力。他辞掉了他的高薪工作，从纽约搬到了西雅图，以帮助星巴克建立起五家零售连锁店。第二年，在一次去往米兰的采购途中，舒尔茨被这个城市无处不在的咖啡店彻底迷住了。他承认，意大利的咖啡店绝不仅仅是喝上一杯咖啡的地方，它是邻里之间社交互动的场所。在家里以外的地方喝咖啡，是意大利日常生活中的一部分。回到美国的他，相信自己面临着一个巨大机遇，把意大利咖啡店的概念带到美国。考虑到意大利总共有近两万家咖啡店，舒尔茨在美国也看到了巨大的潜力——利用星巴克现有的精制咖啡的声誉，将其转型为与大多数美国人经常光顾的、传统的“小餐馆”或咖啡店不同的、具有意大利风格的咖啡店。那些令人倒胃口的画面——油毡地板、塑料贴面的桌子、沙哑的唱机箱、白色带柄的大杯子、以次充好的纸制容器、油腻的勺子、年迈的服务员、白面包颜色一样的菜单、放了三天的糕点——这些都似乎会令舒尔茨想起另一个时代，绝非自己所寻求的、愿意为之服务的、日渐富裕的人群。舒尔茨了解到，在美国和在意大利一样，人们同样需要外面的世界。在那里，人们可以会面，并将其作为他们正常作息时间中解放出来的一块绿洲，同时也能享受得起那件“奢侈品”—— 一杯真正的好咖啡。

尽管舒尔茨是一个优秀的销售人员，但他无法说服星巴克的店主们一起推出这个新的合资公司——他们似乎更愿意驻足在研磨咖啡豆的业务上，而不是去提供堂食咖啡。然而，舒尔茨确信，他拥有一个制胜的创意。当星巴克于1984年开设其第六家店面的时候，他已经得到股东们的许可，在店内开拓出一个狭小的空间，来烹制和售卖特浓咖啡。舒尔茨已经占据了一个立足点，而他坚持不懈的精神也终将有所回报。

然而，像许多企业家一样，舒尔茨也急于推出自己的创意。无法忍受星巴克店主们那慢吞吞的决策。他辞掉了店里的工作，开始经营他自己的连锁咖啡店，用一家意大利报纸的名字，将其命名为“伊尔·乔娜丽”。在1985年，舒尔茨筹集了40万美元的启动资金，其中包括星巴克店主们的15万美元出资；之后，他又筹集到165万美元，一下推出了八家咖啡店。然而，对于投资于一家新连锁咖啡店的业务，投资者们的兴趣并不大。而对于舒尔茨来说，筹集资金的过程也被证明是一个巨大的挑战。其中的部分原因，是当时随着市场上软饮料和瓶装水销售的迅速增长，咖啡在美国的销售几乎处于停滞状态，再加之许多风险资本家对于餐饮业一致的反感，尤其是因为当时鲜有竞争优势明显的项目。此时，舒尔茨表现出了巨大的决心和毅力。他走访了超过二百位投资者，才最终确保足够的风险资本为他那新的经营理念夯实基础。

尽管舒尔茨起初的实践——在店里播放独具特色的歌剧音乐，

推出帕尼尼三明治，戴着领结的店员，以及用意大利文写成的菜单——最后被证明“有点过于意大利化了”，但他很快将店面主题进行了调整，以适应当地市场。“伊尔·乔娜丽”在第一家店面开张六个月之后，就在西雅图又开了第二家店面；之后，在加拿大不列颠哥伦比亚省的温哥华市，开了第三家店面。店铺生意兴隆，证明了舒尔茨的猜想——美国人是会来享受卡布奇诺咖啡和拿铁咖啡的，尤其是当友好且知识渊博的咖啡师为他们服务的时候。1987年初，星巴克的创始人们决定把公司卖掉，舒尔茨筹措380万美元资金购买了他们的企业，并将其与“伊尔·乔娜丽”合并，最终淘汰了这个意大利味道十足的店名。

然而，舒尔茨旗下的星巴克，并不是一朝一夕就能成功的，公司为了满足供应商的账期和支付员工工资而疲于奔命。第一年，舒尔茨甚至没有从公司领取工资。在头三年，公司的业务亏损超过了200万美元，因为他们将星巴克门店变成了餐厅，并开始推出新门店。这期间，舒尔茨有很多次感到，他的公司有可能会撑不下去了。有一次，他的岳父甚至飞到西雅图，试图说服他“放弃这一爱好，找一份正经工作”，但舒尔茨能够理解，“胜”与“负”、“成功”与“失败”之间的区别就是毅力。他的性格是坚持不懈，他被胜利的渴望驱动着，被他在布鲁克林穷人区成长的回忆驱动着。他是被自己“赶”向成功的。

霍华德·舒尔茨变得热衷于咖啡以及喝咖啡的经验。他说："这一点你是装不出来的。在任何组织中的任何商业领导者都知道，如果你不痴迷于你所做的事情，你就不可能建立起伟大的企业。""我的想法一定能成功"的概念，占据了他的大脑。为了支持公司的快速增长，他去筹集了更多的资金。他认识到，他的生意所面临的进入壁垒，除了优越的店面位置和一个响当当的质量品牌，就所剩无几了。他想把星巴克定位为卓尔不群的高端咖啡公司；与此同时，它将始终如一地提供令人满意的客户体验，鼓励人们接连不断地消费，藉以支持其不菲的价格。

为了确保星巴克的高品质，舒尔茨和他的团队建立了一整套组织体系和基础设施，来保证公司的成长。从采购咖啡豆，到开发产品包装，招聘和培训咖啡师，创建存储环境，管理易变质的库存产品，确定价位，选择理想的店铺位置，并撰写公关故事，以把星巴克打造成一个品牌。令人惊讶的是，在它的早期，星巴克很少会去打广告，特别是与其他消费品公司比较而言。

为了支持公司的增长计划，同时提供与众不同的客户体验，舒尔茨认为，只有当公司能够满足其员工的期望，并且通过他们来达到客户的期望时，星巴克才能最终获得成功。他指出："星巴克并不是什么咖啡业务，而是一种全民创业行为。"与大多数只向员工们支付最低工资，提供低劣的卫生保健福利（如果有的话）的餐饮业公司不同，星巴克则在致力于满足其员工们的期望。舒尔茨深刻地了解，快乐的员工会让自己的客户快乐。就工作人员队伍主要由兼职员工们构成的现状，他实施了两个全新的概念：为员工提供全面的医疗保健福利和股票期权。不久，比起采购咖啡豆，星巴克在职工医保方面花掉了更多的钱。员工队伍在工作中更加投入，减少了员工流失率，降低了培训成本。这就像亨利·福特曾在1914年完成的那个震惊全世界的壮举——他手下的汽车工人工资几乎翻了一番，达到每天5美元。星巴克公司的员工股票期权计划叫作“咖啡豆股票”，提供给所有每星期工作时间超过20小时，任职超过6个月的员工，而它起初仅售每股6美元的内部行权价，五年内暴涨到每股132美元；一位每年仅收入2万美元的兼职雇员，却能够拿到价值5万美元的公司股权。这些真金白银培育出了真正的奉献精神，以及高水平的员工工作满意度，当顾客们走进店内时，他们能够真真切切地感受到。

尽管他有令公司快速增长的强烈愿望，而且他也不太希望通过出售股票的方式令股权稀释，但特许经营仍然不入舒尔茨的法眼。他仍旧希望公司能够拥有所有的星巴克门店。他相信，这将令整体的客户体验质量更加容易保持，更能够培育共同的企业文化。但是，这样做就意味着需要更多的资金，物色新的经营地点，装潢这些店面，并建立当地的物流网。1988年，星巴克从一些富裕人士那里筹集到了390万美元；1990年，该公司向创投界进军，接受了1350万美元的新股权投资。当1992年6月公司首次公开募股时，星巴克旗下经营的店铺只有100家，营业额也不过区区5700万美元。

除了筹款之外，舒尔茨还需要吸引一支经验丰富的领导团队，来管理日渐壮大的企业。他很聪明地为关键岗位招募了经验丰富的高管，包括一位首席财务官和一位首席运营官，并从快餐连锁店和消费品公司招来了店面经理。舒尔茨说：

> 许多商业梦想家作为领导者，一直没有成功，因为他们无法去执行。在创意可以实现之前，在创业理想成真之前，你必须要先打下一个坚实的基础，而流程和制度、纪律和效率是非常必要的。

星巴克成立后的五年时间里，已经成为了一个奇迹般的“现象”，在其道路上以不可思议的速度增长，在全球50个国家开了超过1.7万间门店和分支机构。霍华德·舒尔茨和他的团队，把旧时咖啡馆的定义彻底改变了。在谈及他的成功时，舒尔茨说：“如果我带你到我长大的地方，我从那里走到这一步的概率，几乎是无法想象的，但是，它真的就发生了。”

在舒尔茨的领导下，星巴克成为了一个令人向往之地。这是位于工作和家庭之间的一个温馨的驻足之地，一个能听到令人平静的音乐，同时闻到咖啡的香气，摄入您每天的咖啡因，检查你的电子邮件，等待朋友或同事的地方。时至今日，星巴克取得了巨大的成功，公司年收入超过100亿美元，营业利润总额高达10亿美元，而这仅仅是2008年那似乎有些令人失望的业绩。作为创始人，从2000年起本已远离公司日常运作的霍华德·舒尔茨，此刻又作为首席执行官的角色出现了。他认为，他的公司的核心产品已经被“稀释”，失去了本来的优势，过于追求规模扩大化，反而失去了经营的重点。舒尔茨不得不承认，当“唐恩都乐”和麦当劳作为竞争对手正虎视眈眈向这块市场进军时，星巴克通过提供客户体验，而将自己的产品卖出较高价格的能力正在日益萎缩，除非星巴克能够重新找回自己的独特性。他推动整个公司及其全球12万名员工，对高质量的客户服务和高品质产品进行了重新制度化——正是这一整套措施，实现了其早期增长和惊人的成功。然而，在舒尔茨重新振兴星巴克的过程中，却被迫裁掉了约550名员工——这颠覆了他的核心原则之一；同时，公司还关闭了大约600家门店。即使是星巴克这样的飞速增长，其过程也并非无懈可击。作出这个艰难但必要的决定，帮助公司甩掉包袱、重整旗鼓、然后勇往直前，恰恰需要这位创始人的勇气和领导力。

* * *

伟大的法国科学家路易·巴斯德曾称，他的成功完全与他的坚韧不拔“拴”在一起；而托马斯·爱迪生的著名格言则表明，天才大多来源于汗水，而不是灵感。拉利贝特和舒尔茨也需要洞察力和毅力，才能令他们的新公司从只有一个概念发展到最终成功。事实证明，这两点都是必不可少的。作为企业家，他们为之前看似“成熟”的市场带来了新的商业模式，成为美国——而今是全球——的弄潮儿，提高着人们的生活水平。通过为客户提供高品质的体验，他们可以收取溢价。这两位企业家在每一个细节上都付出了心血，很好地把握住了客户体验；他们旗下的公司，则是将有质量的产品或服务交付给客户，来创造竞争优势——做到这一点，并不是通过一个优越的新技术，而是通过对一个审慎战略的坚定执行。

TRANSFORMATIVE ENTREPRENEURS

第5章 后来者优势

你一定要去了解那些规则，并打破它们。

——亚历山大·麦奎因

流行的商业文献都会讲，在面对一群竞争者的时候，新企业的优势就是要在客户忠诚于一家供应商而非另一家之前努力抢占市场份额。这种策略往往是有道理的，因为早期的市场参与者，能够为其竞争对手建立起进入壁垒，并为客户们建起退出壁垒。然而，这样的案例也数不胜数：动作迅速的追随者和公司，凭借出众的产品、服务和执行力，超越了那些先驱者，并在它们的后背留下令人津津乐道的“冷箭”。有时，新技术的出现，可以帮助他们创造竞争优势，或是对新的创新进行调整。有时，先进行观察和学习，然后用一种不同的策略进行修正或调整，也有独辟蹊径的效果。请记住，脸谱网的发迹就是在聚友网（MySpace）之后；比尔·盖茨的微软公司也是在加利·吉尔达尔的数字研究公司之后诞生；菲尔·奈特的耐克，也是在阿迪达斯后面（就更不用提匡威了）出现的。第一个市场进入者也许有其优势，但这并不能保证他们永远占据行业标杆的位置；更不说明他们不需要回头看看，是谁在逐渐赶上并超过他们。即使你能够跑到前面，但保持领先也是一件很难的事情。新的创意，必须建立在卓越的执行力上，以支持创造性的领导力。特别是，如果你能将其与具有奉献精神的员工们组成的和谐团队结合起来，就很有可能超越那些稳固的领跑者。创新者之所以能够出人头地，正是因为他们跑的是马拉松，而不是百米冲刺。只有通过建设一个有深度的、如宗教般虔诚的组织，并关注那些为客户创造独特体验的人们，这样的企业家才能够永远保持领先。

* * *

杰出的企业家理查德·布兰森爵士曾经开玩笑说：“如果你想成为一个百万富翁，那么就以10亿美元作为启动资金，开设一家新的航空公司吧。”历史上，或许会有比航空公司还要糟糕的企业，但它的数量恐怕不是很多。航空业作为一个产业，在其整个生命周期一直都是资金的“净摧毁者”。在这个行业中，大部分客户都看不起服务提供者；政府法规和工会力量则会限制经营者的经营能力；正在蔓延的国际恐怖主义威胁，始于20世纪70年代的劫机行为，令保护飞机和乘客安全成为一个主要关注的问题；而且，航油价格的波动，也使得成本控制变得极具挑战性。很难想象为什么有人想开办一家航空公司，更别提去管理它了。然而，有些人却认为，能够拥有一家航空公司是一件很有吸引力、很“性感的”事情。他们一开始并没有巨额资金，却能够顽强地进入这个行业——尽管行业的整个历史在大部分时段内都在赔钱。不过，幸运的是，他们真的去这样做了。否则，无论是乘坐火车、巴士还是汽车，我们都将花掉更多的时间。

在20世纪40年代，在载客航空业（相对搭载邮件而言）初期，航空公司的乘客们在乘机飞行时，身上穿的都是自己最时尚的衣装。他们就餐时使用的是精美的瓷器、亚麻质地的桌布和真正的上等银器——而绝不会用塑料制品。他们坐在舒适的座椅上，并拥有充足的腿部空间。飞行堪称是一次伟大的冒险体验，它让人联想到乘坐豪华邮轮和火车头等舱旅行的日子。作为行业的早期开拓者，胡安·特里普的泛美航空公司和霍华德·休斯的环球航空公司，将整个世界的跨度大大缩小了。商用喷气式飞机在20世纪50年代问世；在20世纪60年代，出现了电脑化机票预订系统；由联邦政府许可的客运航空公司，可以收取经过批准的固定机票价格，以获得合理的资本回报。然而，在20世纪70年代，一切都开始改变了。第一次改变始于1973年的能源危机，随后是在1978年，美国对航空公司解除了管制。而一旦航空公司能够灵活地决定自己的路线和票价，它们就慢慢地将这种原本盈利性很强的业务，变成一种类似出售商品式的服务——（基本上）固定的成本结构以及很低的准入门槛，给这个行业带来了相当大的竞争，并大大增加了行业的运力。尽管解除管制有利于降低票价，并扩大在全国各地的服务，但它也迫使航空客运业来了一次彻底的大重组。整个行业利润直线下降，多家航空公司找到合并的伙伴，以增强其航线结构，并精简其开销。一些航空公司被证明无法适应新的经济现实，因其累积的巨额债务和低下的盈利能力，让它们缺乏市场竞争力而无奈宣告破产。在改善各自公司经济状况的努力中，许多航空公司引入了“枢纽和辐射系统”——就像联邦快递开发的系统那样——作为一种承运旅客的全新模式。这个概念很简单，也有助于提高运营效率。然而，它也意味着旅客往往会经历长时间的误机等待，或是错过转机。这是因为，许多航线像漏斗一样把乘客输送到大型枢纽机场，如芝加哥的奥黑尔机场和亚特兰大的哈茨菲尔德机场，在那里，他们再被其他航班带到其最终目的地。

拓展市场

然而，对于一些企业家来说，低廉的机票价格，恰恰为他们实现有吸引力的客户价值提供了基石。赫伯·凯莱赫的经典案例正是如此。1967年，凯莱赫还是得克萨斯州的一名执业律师。他的客户罗兰·金此时正在经营“空中的士服务”，并独具慧眼地发现了一个尚未开发的市场机会。该空中服务在得克萨斯州的达拉斯、沃思堡、休斯顿和圣安东尼奥等几个城市之间展开，每两个城市之间的距离在190英里到250英里不等。由于这些城市之间的距离不是那么远，精打细算的旅客和商人们有时会决定开车或乘坐大巴，而不是去搭乘布拉尼夫国际航空公司和得州国际航空公司的航班，因为它们以高票价和平庸的服务著称。罗兰·金和凯莱赫也注意到了，在这些迅速发展的城市之间，推出低成本航空客运服务大有机会。他们开发出了一种独特的商业模式，以确保事业的成功。由于他们意图经营的路线并没有越过州界，金和凯莱赫为自己的新公司——西南航空公司——申请并被授予了得克萨斯州航空公司牌照，提供州内三座城市之间的航空服务。这样一来，公司就绕过了联邦许可证的壁垒，避开了沉重的监管负担。而之前在这些航线上经营多年的运营商们则出巨资聘用了一大批律师来起诉西南航空公司。他们动用了每一个能够想象到的法律上和政治上的武器，希望能在这个初创企业的业务充分展开之前，在襁褓中就摧毁掉它。昂贵和旷日持久的官司，经美国最高法院裁决后，西南航空公司最终胜诉，它被允许在1970年推出载客服务。

此时，拉马尔·缪斯加入了罗兰·金和凯莱赫的团队。缪斯曾经是一位经验丰富的航空公司高管，而现在，他成为了西南航空公司的总裁。他们团结一心，去建立自己的新航空公司。1971年上半年，西南航空公司通过股权转让筹集了700万美元，通过借贷筹集了1700万美元——这个数量级堪称巨大，尤其是在那个时期——他们坦承需要巨大的前期成本，并可能会经历一个漫长的经营亏损期，因为他们建立了自己的客运基地。本次募集资金的成功，证明了创始人的雄心勃勃，以及他们所提出的商业模式的巨大潜力。

在经济不景气和行业衰退的背景下，美国西南航空公司利用慷慨的卖方融资，成功地以低廉的价格购买了三架全新的波音737客机。这再次证明了，有的时候，经济环境较差的条件恰恰是创业的最好时机。波音737客机比西南航空公司的竞争对手们所使用的机型，需要的机组人员更少，而且，由于更现代化的设计，需要的维护工作也相对少一些。他们最初经营的航线，使用的是位于达拉斯市年代较久的爱田机场，以及位于休斯敦的霍比机场，这也是为了避开竞争对手们所使用的那些更大更新的机场——新机场通常位于距离市中心很远的地方。较小的市中心机场更加靠近乘客的最终目的地，而可能发生的着陆/起飞费用和登机口费，则要明显低于新机场。西南航空公司由此开始构建低成本经营结构，而这将是它长期成功的关键。最重要的是，公司认识到，它的使命是要以竞争对手票价的一小部分，来提供大大改进的服务。西南航空公司决定，将其服务的价格定位于这样一个水平：不但能够让飞机满座，同时还要能够覆盖他们的经营成本。起初，通过把机票定在20美元的水平，西南航空公司立即扩大了市场，因为他们提供了一个更快的、能够替代巴士的服务。加之有经验的广告主管的帮助，西南航空公司通过开展宣传营销活动，为乘客们带来了一种别样的飞行体验，一下子与布拉尼夫国际航空公司和得州国际航空公司那平庸的形象拉开了距离。像联邦快递那样，琅琅上口的广告语，打造出了一个鲜明的品牌形象，使得西南航空公司瞬时从沉闷的竞争对手中脱颖而出。目睹了其他航空公司不良的经营实践，了解了什么不该去做，西南航空公司为乘客们提供了班次频繁的载客服务：人们青睐的机场，低廉的票价，全新的飞机，快速的售票流程，身着性感热裤的迷人空姐，以及所提供的物美价廉的饮品。这些被证明在积累客户方面是一个强有力的配方。

进一步支持西南航空公司战略实施的，是一个不寻常的人才选拔过程设计。它吸引来的人格类型，可以提供航空公司所想提供的高水平、个性化的客户服务。西南航空公司认为，即使票价处于低水平，不摆那些“花架子”，只要员工们为了航空公司的成功能够全身心投入（如同时进行多项任务），高水准的服务也能够得到保证。西南航空寻找的求职者们要具备幽默感，性格外向，有积极主动的愿望。西南航空的基本理念是，把重点放在吸引具有正确态度的员工上，然后再为他们培养必要的技能。如同霍华德·舒尔茨的星巴克一样，西南航空公司抓住了重要的一点：快乐的员工更有可能留在公司，减少招聘需求，培训的成本也可以得到削减。此外，敬业的员工更能够为客户伸出援助之手，同时提升企业的生产效率。

慢慢地，西南航空公司的乘客上座率开始提升，这使得它在其运作的第一年就勉强达到了盈亏平衡。竞争对手们进行了强硬回击，复制西南航空公司的航线结构，降低票价，增加他们的广告计划。西南航空公司以进一步降价，扩展服务范围，采用更有创意的广告，以及利用宣传噱头来吸引眼球的措施进行回应。这些联合行动扩大了市场，甚至吸引了更多的航空乘客，改善了西南航空公司的飞机利用率。

到了1973年，西南航空公司已经实现了盈利，它当年的载客量超过50万人次，班次频密度稳步上升，同时将其商业模式进一步发展，成为了全世界各地低成本客运航空公司的样板。西南航空公司在有限的区域所运营的航线结构是相对短途的，平均飞行时间在四五十分钟左右，并采用标准化的现代波音737客机，从而使维护更加容易，减少了备件库存，降低了维护修理的培训费用，以及机组飞行员的替换费用，并使航班从抵达到出发之间的周转时间更短。较之于其竞争对手的“枢纽+辐射系统”架构，西南航空的“点对点航线系统”令乘客们在机场等待的时间进一步减少。西南航空公司安排乘客登机时，并未采用传统的排队方式，而是采用了先到先得的方法，加快登机流程。它从来不需要对头等舱的乘客进行特殊照顾，因为它只提供一种级别（经济舱）的服务。通过最大限度地减少飞机停在地面等待的时间，西南航空可以最有效地利用其最昂贵的资产——在飞机上的巨额投资。西南航空的航班上并不供应正餐，而只提供小吃——主要是花生和饮料。这意味着，在两个飞机航班之间，他们可以在清洁工作上花更少的时间。由于西南航空公司没有提供指定席位，因此乘客可以重复使用登机牌来登机。随着时间的推移，西南航空公司的飞机每天飞行的航班数量，是其竞争对手旗下飞机的两倍。为了提高员工的忠诚度，使公司的利益与员工的利益相统一，西南航空公司还成功地实施了利润分享计划和员工股权激励计划。

拉马尔·缪斯在1979年退休，西南航空公司的领导责任就转到了总裁赫伯·凯莱赫身上。凯莱赫具有鲜明的个性，他将较强的员工激励技巧与无情的竞争机制结合起来。他建立了一个强大的、能够积极培育员工的企业文化；他相信，员工的忠诚会转化为客户的快乐。在公司内部，凯莱赫成为了标志性人物，这主要并非源自他的联合创始人身份，而大多是因为他的热情、善良的本性、超凡的魅力、外向的态度、战斗精神，以及他对公司所有员工展示的明显的亲情和感激之情。凯莱赫经常会出现在西南航空公司的航班上，但不是作为一名乘客，而是去帮助搬运行李或是协助空姐工作。他有时也会满面笑容地出现在机场的飞机库和工地上，和手下的员工们握手，感谢他们每天所做的一切。有时，凯莱赫会展示他标新立异的一面，穿上新奇的服装，或是参与公司做秀，所有这些都强化了航空公司的形象，同时创造了让员工和乘客快乐的工作环境。他是一位罕见的领导。他明白，企业文化是一个成功商业战略的必要组成部分：员工以饱满的热情全身心地投入到公司和领导层委派的工作中，这样才会更有效率，并会成为公司最好的推销员。凯莱赫说："员工是第一位的，客户才是第二位的。"

公司创始人们用具有创业精神的慧眼，开启了"开一家新航空公司"的创意。他们顽强地与那些稳固的、规模更大的竞争对手们搏杀，最终将公司变成了一个伟大企业的成功案例，在全世界的国家和地区范围内被复制——"价格低廉"的价值主张，在全面低成本经营结构的支持下，可以产生持续不断的盈利能力。然而，仅仅通过去掉"花架子"的低成本措施，是不能保证在航空客运业务中取得长期成功的。这是西南航空公司的集成系统的功劳：最大化航班数量；提升机场频密度；通过专门的挑选和培训，建立让飞行更快乐的员工基地来摊销飞机、飞行员和机组人员成本——在之前被多数人认为是毁灭性的行业中，这些因素合并成为一个马到成功的方程式。许多其他航空公司试图与西南航空公司相竞争，但它们几乎无法做到西南航空公司汇集全部成功元素的独特做法。此外，西南航空公司的创始人领导层和赫伯·凯莱赫长达37年的高层任期，为企业提供了连续性和文化实力，进一步巩固了公司的独特性。今天，美国西南航空公司每年向国内60多个不同城市，运送乘客超过1亿人次。它被乘客公认为是服务水平最高，同时也被员工们公认为是美国最佳雇主之一。这对于一个起源于得克萨斯州的小型航空公司来说，还是不错的业绩。

* * *

虽然拉里·佩奇和谢尔盖·布林未能完成自己计算机科学专业的博士课程，但他们成功地实施了有史以来最强大的商业模式之一。20世纪90年代后期，作为斯坦福大学的研究生，他们“略带无奈地”创立了谷歌公司。这个新的创业公司充分利用了二人卓越的互联网搜索引擎概念——他们相信它能够比许多现有的服务更快地获取更多的相关内容。他们是正确的。虽然伟大的技术往往成为他人面前一个强有力的屏障，以及将竞争对手加以区分的工具，但它在这个增长迅速但竞争激烈的互联网搜索引擎领域，却并未被证明是商业成功的充分条件。此外，备受信赖的“先发优势理论”——该理论认为，整个市场部门的利润更容易流入那些首先创立的公司——在互联网搜索引擎领域也没有得到体现。

广告：杀手级应用

佩奇和布林认为，随着网页数量的迅速扩大，对于人们来说，在万维网中进行有效的搜索，已经变得越来越难了。人们每天常用的搜索引擎，例如雅虎公司的产品，都是基于关键词出现的频率来反馈被查询的搜索索引。而这种系统就很容易被网站开发者们钻空子——通过给他们的网页多次加载热点关键词。佩奇和布林想出了一个更好的主意。他们采用先进的数学技术，精心设计了一套独特的算法，将反馈回来的搜索结果，与其他网页中对它的链接数量挂钩。他们认识到，这种做法会带来更高质量、更有效的反馈。在互联网泡沫被夸大的那段时间，任何与互联网相关企业的融资都十分方便。就此，谷歌公司仅靠一个有限的业务计划和两个头脑聪明但缺乏商业经验的家伙的领导力，就从华尔街和几家硅谷领先的风险投资公司和天使投资者那里筹集到数百万美元的资金。

佩奇和布林的搜索引擎的效果，被证明是非常强大的。他们迅速制订了后续计划。谷歌早期的商业模式是非常简单的，但它并不是特别有利可图。虽然谷歌有自己的网站，但其收入主要来自许可证费用。当时，谷歌寻求为那些成熟的门户网站（如雅虎）的搜索功能提供动力。在那段时间，谷歌主要是在批发技术给其他能够直接与用户对接的公司。虽然有的时候，许可证模式提供了很好的收入来源，以及有吸引力的资本回报，但它并不可能成为长期开采的

“富矿”的基础。对于谷歌来说，幸运的是，比起人们正在使用的其他搜索引擎，他们的技术被证明是如此优越，其简约的主页页面加载得如此之快，使他们迅速在互联网搜索领域占据了领导地位。

然而，谷歌商业化的伟大创新，也不是自谷歌开始的。相反，它来自一家1998年创立的名为“序曲”（Overture）的公司。序曲公司了解到，广告是将聚集于网页的不断增加的眼球“货币化”的最有吸引力的方式。序曲公司的见解是，去销售那些与被搜索内容直接相关的网络页面广告。相对于那些让最终用户不胜其烦的网页“横幅广告”，那些有针对性的广告能够直接命中用户们感兴趣的话题，价值要高很多。序曲公司将广告位置卖给出价最高的人，使其提供服务的个别关键词和词组，显示在相关的搜索主题列表的顶部。然后，如果网民点击链接或广告，做广告的机构就将为此支付广告费用。付费搜索，成为搜索引擎提供商在互联网领域创造收益的最佳方式——在这个领域，最终用户期望得到的是：一切免费。

谷歌公司于2000年推出了自己的“序曲”改进版，并称之为“AdWords”。凭借其卓越的搜索引擎，谷歌已经成为那些需要最有效搜索结果的用户的上上之选。再加上其成功的“点击通过”广告模式，谷歌有了一个真正的业务。由于搜索体验的质量得到提高，谷歌公司得以继续引领市场，使其成为广告投放者花钱最有效的地方。虽然谷歌的市场份额在全球各地有所不同，如今它大概占据了全球三分之二的互联网搜索量（除中国以外），在一个相对短的时间跨度中，“谷歌”这个词已经成为了动词“搜索”的代名词。这样强大的一个品牌名称，就像过去的舒洁（纸巾）、联邦快递（快递）、施乐（复印）、邦迪（创可贴），以及胡佛（真空吸尘器）所做到的那样，成为了行业的通用名称。

除了向使用搜索功能的用户提供广告信息，谷歌公司的子品牌“谷歌广告联盟”（AdSense）于2003年成立，这是一个新的服务，即在原创内容的网站上提供广告。如果有人去访问一个嘻哈音乐网站，那么谷歌就会量体裁衣，在该网页上提供与这个话题相关的广告。谷歌将其称为“上下文付费广告列表”，进一步推动它的广告服务，精准地为那些最感兴趣的用户提供广告。

虽然谷歌公司通过重新设计广告商和互联网用户之间的关系，彻底改变了在线广告业务，但它并没有将其商业成功单一地建立在互联网搜索算法的基础上。谷歌为自己“定义”了一项使命：负责组织全球的信息，并让它能够被人们获取而变得有用。谷歌的创始人了解到，随着互联网应用的成倍普及，并成为全球性的实用信息获取工具，该公司将会创建一个真正的国际化企业，并采用最先进的计算机基础设施，而这将花费大量的资金。幸运的是，付费搜索的商业模式，被证明具有巨大的盈利前景。

自公司成立以来，谷歌的创始人们就了解到了这项前瞻性的需求，并开始建立一个专有的、可扩展的信息网络——它能够尽可能迅速地传输大量的数据。他们提出的战略是，不仅能够提供强大的搜索结果，而且必须要将其非常迅速地提供出来。当你在谷歌的网站上进行信息搜索时，它会告诉你刚刚找到了多少个网站，系统响应花了多少毫秒。这两个功能都是公司使命很重要的组成部分。谷歌对其目前持有的价值数十亿美元的信息技术基础设施的细节讳莫如深，但其众多的服务器像农场一样分布在世界各地，总计大约100万个订制单元整合成一个网络，再加上专门开发的数据管理和操作系统软件，以及订制的人工智能，来保证海量信息的提取和管理。今天，谷歌的信息技术系统能够用超过40种语言，支持每天数十亿次的搜索。谷歌公司试图采取措施，来提高处理速度，消耗更低的电力，减少员工人数，并进一步取得竞争优势，改善盈利能力。虽然谷歌公司有时会通过购买“现成的”服务器和软件，来实现其所需要的计算机性能，但它并不反对“自己动手，丰衣足食”的理念：它可以自行设计专有软件和数据库管理系统，创造人工智能算法，以及购买订制的硬件——如果它带来的性能提升确实值得花掉这笔费用。

谷歌公司的独特性，部分源自于其创始人的指导原则。他们那标新立异的经营方针，进一步强化了公司的战略和效率。即使在硅谷这个往往不需要墨守成规的世界，谷歌的几个用来定义和加强企业文化的“怪癖”，也让它显得卓尔不群。首先，一位经验丰富的企业高管埃里克·施密特，于2001年加入了谷歌的创始人团队。他拥有高水平的技术能力和成功的商业管理经验，主要负责为公司提供指导，是公司的一根定海神针。施密特被聘任为公司的董事长兼首席执行官，他与布林和佩奇一道，构成了领导层的“三驾马车”：他们各自拥有不同的技能，但又组成了一个若即若离的管理责任小组。最近，佩奇拿回了首席执行官的权杖，但尚不清楚公司的高层管理动态将如何改变。

谷歌文化更详细的定义，可以在它的“原则声明”中找到，其中就包括这样的信条：“你可以不做坏事就能赚钱”，“你可以不穿西装也很庄重 ”，“专注于用户，一切都会有的”，“‘伟大’仅仅意味着不够完美”，等等。谷歌公司态度明确，要努力追求卓越和高水平。谷歌公司独特的招聘方法论起到了“过滤”的作用，只留下最优秀的和最聪明的；覆盖面更加广泛的谷歌企业校园，正在推动高水平的生产率和团队行为；自成立以来，它的文化就一直在为鼓励创新而设。

在其为培养创造力的积极努力中，谷歌公司与高度多元化的工业巨头3M 公司颇有类似之处，后者早就意识到了这个需求，常常脱颖而出，成为了大型跨国公司促进创新的典范。通过提出旨在令其产品线保持新颖，以及令产品开发人员保持创新性（通过让他们将一部分时间投入到“自定义项目”中）的方案，3M公司在超过百年的时间跨度中一直在发展壮大。谷歌也有类似的理念。它看到了一个改变信息世界的机会，并为实现这一目标提出了明确的政策，鼓励员工们勇于承担风险，来开发新的理念和产品；同时，它培育了一个协作环境，鼓励创造性的萌发。谷歌公司的工程师可以将20%的工作时间投入到自己的项目。这种自由度，已经激活了众多新产品计划，它恰恰推动了谷歌公司去完成更广泛的使命。如果员工们的创意失败，谷歌并不会去惩罚他们；承认失败——尤其是当这种失败来得很快时——有助于防止组织变得陈旧和过于谨慎，而这正是谷歌公司冒险哲学的一部分。

谷歌公司的业务模式，是建立在创造更多的网络流量，以创造更多广告收入的基础之上的。就像有些企业能够创造对更多微处理器的需求，而英特尔公司直接投资于这些企业一样，谷歌的目标也是要去更加紧密地配合用户的软件和服务，包括通过有线和无线模式。其持续增长的广告业务，成了产生数十亿美元利润的引擎，这使得谷歌公司能够资助许多新的产品，并进行各种收购，其中包括谷歌邮件、谷歌地图、谷歌文件、用于移动设备的安卓操作系统、视频网站YouTube，以及谷歌图书。每个产品都能够让谷歌搜索提供的信息量增加，产生广告投放增量，并确保其客户不在其他软件和信息服务提供商那里花费时间或金钱。这个以攻为守的措施相当聪明，因为公司的领地正在受到来自微软、苹果、亚马逊和其他势力更加强大的冲击。

硅谷是一个充满竞争的地方，因此在那里建立一家新的企业，代价是非常昂贵的。大多数新创业公司的失败，有时产生了很大的负面宣传效果。员工离职率远远高于美国其他大多数地方，因为跳槽到最新的“热点公司”，在这里是一个常态。在这一背景下，创造一个以员工为中心的文化，尤其是像拥有谷歌公司这样成长轨迹的一家企业，是非常有意义的。为了留住优秀人才，需要比一个很高的薪资水平和一套高额的股票期权更多的东西。谷歌在这个环节上也获得了成功。谷歌公司的企业文化，正是为了保持公司在技术的最前沿而设计的：它从一开始就是要去吸引和留住那些最聪明的、愿意去对全世界信息进行管理的员工们。谷歌有一个严格的、非常规的招聘体系；有着梦幻般的员工食堂和各种其他津贴；还有它赋予员工的那种鼓励创新的普遍哲学。

谷歌公司商业模式的成功，是因为它把强大的搜索技术、出色的基础设施，以及一个有才华的、急于展示创意和创新的员工团队联系了起来。这些元素紧密地结合在一起，其他公司要想复制它的成功，是一件极具挑战性的事情。仅仅去复制战略链条中的一个或两个元素，根本无法复制出一个像样的竞争对手。谷歌公司在经济上的巨大成功，以及它一贯的强劲增长势头，为其提供了一个不断增长的现金储备，对该公司“改变世界”的目标起到了稳定的支撑作用。正如埃里克·施密特曾表示的，“赚钱是一门技术，技术反过来又为赚钱投资。”

* * *

赫伯·凯莱赫律师从未预料到，他日后能够打造出全国最赚钱的一家航空公司。研究生谢尔盖·布林和拉里·佩奇研制出一个更加完善的搜索引擎，但他们的业务模式后来则变得更加令人兴奋。企业家们经常能够得到顿悟，但他们中很少有人能够按照蓝图构建出成功的企业，更不用说能够完全改变购买模式，实现其行业灵魂公司的地位。他们的商业计划并不是一开始就从地里“长”出来的，而是随着时间的推移持续发展，一路上会经历相当大的改变。使这些企业家和他们的公司与众不同的是，他们能够调整自己的战略优势，巧妙地利用他们身边发生的世界市场和结构的变化，采纳其他人的优秀创意，然后创建多个竞争优势，以使他们的业务继续成功发展。他们建立起来的公司最令人印象深刻的是，随着时间的推移，几条战略线交织在一起，逐步形成了一个更加有利可图、进可攻退可守的企业。所有这些企业家，进入的都是竞争激烈的市场，而这就需要他们采取一个明智的措施——无论是采用“低成本结构＋高服务水准”，还是“付费搜索”的形式。

此外，这两家公司的始创人还一致认为，他们的员工如果能够得到善待，就会提供一个不可小视的增量资产，远远超出他们的飞机和搜索引擎，让他们的职位与竞争对手相比起来更加出众，这反过来也会支持公司的业务。从一开始，这两家公司都支持把自己的员工放在一个不同寻常的重视高度上，下放权力，鼓励员工们的独立性和创造性。在西南航空公司或谷歌公司找到工作，说明申请人已经在他/她的新雇主面前表现出了很高的水平，从而进一步推动了员工和公司的文化契合。建立一个能够起到支持作用的、充满趣味的、重点突出的、以人为本的文化，并不是最难的事情。然而，大多数公司仍然过于短视，不愿意花时间把这件事处理好。

TRANSFORMATIVE ENTREPRENEURS

第6章 直面失败

失败只是重新开始的一次机会，这一次你会做得更聪明。

——亨利·福特

在赫尔希·米尔顿（好时巧克力公司创始人）的前两个糖果企业破产之后，他发现了一个独特的甜品配方——焦糖。后来，他进军巧克力业务，他的名字也变得家喻户晓。沃特·迪斯尼的第一个动画片厂和第二个创业公司——欢笑动画公司，都是在创立没多久就宣告失败。然而，他继续创立的第三家公司（迪士尼公司），后来却得以蓬勃发展。亨利·福特的前两个汽车公司以失败告终，但第二个被别人接手之后，就变成了“凯迪拉克”；而他的第三次尝试，最终深刻地影响了社会。我们应当关心这些失败，因为在每个失败的案例中，创业者们都能重整旗鼓，从先前的错误之中吸取了教训，坚持不懈，并创立了新的企业，取得了举世瞩目的成功。

从一穷二白的状态开始创建一个企业，是一件很难且充满风险的工作。然而，企业家们却前赴后继——追逐所带来的兴奋感，赢得名利的机会，改变世界的潜力，创造了一股持续的创业潮流。

虽然创新的过程并不总是尽如人意且鲜有成功，但还是有相当一大批人相信，他们有一个非常好的创意来开创一家企业，用全新的方式来做些什么事，或是有让自己出人头地的激情。然而遗憾的是，他们中的大多数人，最终都无法实现自己的目标。至于失败的原因则可能是：他们的创意本来就不够出色，不幸赶上了经济危机，受阻于政府监管因素，无法筹集足够的资金来实现他们的计划，贪婪的短期行为，组织运转不利，市场需求不足，产品开发混乱，竞争压力过大，抑或是上述所有的因素。

这些失败提醒我们，一家新的创业企业能够成功突围，获得吸引力，并扩大规模，同时创造可持续发展的基础，是一件很具挑战性的事情。当筛选潜在的新投资时，大部分风险投资家都会专注于管理团队的素质和经验、产品或服务的专有性、潜在市场的规模、业务增长带来正现金流所需要的资本，以及商业模式内含的盈利潜力，将会带来的预期投资回报。这些因素被整齐地“打包”在一起的情况非常少见。更常见的情况是，只有一个或两个因素存在，而这会令有吸引力的结果出现的概率大减。失败仍然是最有可能的结果。有些企业遭遇失败，是因为它们的战略没有充分得到执行；抑或其管理层作出了一些糟糕的决策；抑或是它们的运营实践被证明是无效的；或者资本市场在错误的时间发生了问题。不可避免的是，当人们从头开始建立一家企业的时候，很多环节都会出现问题。大多数组织所面对的“大坑”，最终让它们变得疲弱不堪，因为那些主要的资源——包括财力和管理——在面对负面消息、负面突发事件，或是执行不力时，无法及时得到调整。

刚起步的企业，想要同步所有方面的资源，对其自身来说是一个很大的挑战。成功的企业家必须能够将这些元素整合起来：具有吸引力的产品特性，足够的生产能力，高效的分销渠道，一个有能力的、积极的管理团队和员工基础，领先的信息技术系统，以及合理的内部成本结构，以一个可接受的价格给市场带来差别化产品或服务——而所有这些都要在有限的财力资源内完成。他们的任务是很艰巨的，而他们的旅程则是非常精彩的。

每一年，每一个商业周期，新企业都会如雨后春笋般在世界各地的众多行业中出现。其中，只有极小的比例能够在市场上找到自己的立足点。而媒体则喜欢强调这些失败，看似自豪地“告诫”那些功败垂成的企业，将其所遭受的经济损失大肆鼓吹，并称他们其实并不真正理解资本主义是风险和机遇共存的。那些高调创业但在消耗数亿美元后最终失败的企业，在“网络大潮时代”获得了特殊的恶名——为首的有网络货车公司（Webvan），这家网上杂货零售商“烧”掉了私人和公共投资者8亿美元；还有“宠物网”（Pets.com），它曾经是四家大型网上宠物用品公司之一，吞噬了投资者3亿美元。而那些带着极大野心和热情同期推出的数以百计的创业公司，很有可能与前者一样，并没有机会盈利，或是在竞争中脱颖而出，证明了自己的存在。它们大都已经不复存在，代价昂贵的试验和充满勇气的创业行为最终没有成功，但它们当中坚持下来的几十家公司，每家都创造出了一个有利可图的市场，成长为成功的企业，包括那些著名的公司，比如亚马逊公司、易贝公司（ebay）、奈飞公司（Netflix），以及价格在线网（Priceline.com）等等。资本主义的本质及其基本经济原则，要求它必须如此，即一些新的创业企业会获得成功，而另一些则会失败。然而，这些失败却提醒我们，要为那些成功者鼓掌喝彩。

* * *

迪安·卡门是美国当下最重要的发明家之一。尽管他从来没有拿到大学毕业证，但已经在人们需要的新产品设计方面取得了巨大的成功，而且，他将这种商业模式转化成了一个成功的企业。他的整个生涯几乎都在主流之外舒适惬意地度过，而且，他的怪癖并没有妨碍他的创造性智慧和探索精神。

1951年出生于长岛的卡门，是一个典型的“婴儿潮”孩子，虽然他有那么一点儿不寻常。他对上学并不是很感兴趣，但却对科学和工程情有独钟。他花了很长的时间，来为纽约市的博物馆和其他机构开发照明系统，赚得的收入对于他这样一个十几岁的少年来说，还是颇为可观的。他把他父母的地下室变成了他的实验室和加工车间。当后来这个空间显得太小的时候，他把父母送上了游轮，自己在家里雇了建筑师和一台挖掘机，把后院挖了个底儿朝天，以增加自己的工作空间。

发明不等于创新

迪安·卡门开发新产品的理念，被证明是非常成功的。他早期的成功与医疗设备密切相关。他设计出了一种装置，能够以精确剂量把药物输入患者体内；然后是一种药物注射实验装置；再后来是为糖尿病患者开发的便携式精确胰岛素泵。三十一岁时，卡门以3000万美元的价格卖掉了他的医疗泵企业——百特医疗，并用这笔钱在新罕布什尔州的曼彻斯特市成立了一家新公司，命名为“迪克研发公司”。迪克研发公司的主要目标是，与客户合作开发新产品，并利用它发明的技术，来赚取特许权使用费。迪克公司并没有涉足生产或市场销售，他把这一块业务留给了那些得到迪克公司授权的企业。1987年，卡门取得了又一突破。当年，迪克公司设计了一个价格非常便宜的便携式静音肾透析机。当卡门四十九岁的时候，他已经成了一位亿万富翁：他已经被授予超过150项专利，并获得了“国家技术奖”，这是美国授予发明者的最高荣誉。2005

年，卡门入选了著名的国家发明家名人堂。

依靠企业所获得的盈利，卡门以他的方式享受着生活。他把自己的房子设计成一个不寻常的形状，并在内部设置了秘密通道。他拥有多辆昂贵的轿车，很多老式的大型机械，一架风力涡轮机，还有几架飞机和直升机。他甚至在康涅狄格州海岸附近买了一个小岛，然后就创立了他自己的货币，给一张纸币的价值定为π。在大多数日子里，他都穿着同样款式的衣服：上身牛仔衬衫，下身搭配蓝色牛仔裤和工作靴。

不过，卡门同时也是一位慈善家。1989年，他在新罕布什尔州创立并资助了自己的非营利性组织，并将其命名为“科技的启示与认知”（FIRST）。这个组织的目标是，让有志于科学和工程的孩子得到帮助。卡门巧妙地利用该机构创立并负责管理每年全美各地的机器人比赛，将志愿者、当地企业赞助商和中学生们进行匹配。今天，有超过25万名学生参加了FIRST竞赛，竞赛还得到了大约9万名志愿者的协助。

在20世纪80年代后期，卡门曾经亲眼看到一个坐在轮椅上的人尝试着登上马路牙子。当然这是不可能的。在之后的八年中，卡门和他的工程师团队，花掉了约5000万美元来开发和制造IBOT运输车——这是一款六轮机器人轮椅，它能爬上楼梯，甚至能用两个轮子站起来，这样，乘坐它的人就能用眼睛平视他人。为了证明

IBOT的有效性，卡门曾经坐着它从巴黎一座地铁站，爬楼梯上到了艾菲尔铁塔的空中餐厅。今天，IBOT在强生公司的售价大约是2万美元。

在90年代后期，这样的传言开始出现：这位美国最伟大的发明家之一，想出了一个革命性的新产品创意，它有着巨大的潜力。但是，没有人确切地知道卡门究竟在研制什么，而他也没有公开宣布。而此时，互联网热似乎将一切与技术相关的东西都炒了起来，有媒体甚至猜测，卡门发明了一种氢动力气垫船，或是一种能够抵抗重力的机械。

与这些猜测相反，卡门和迪克公司的工程师曾设想过，让IBOT技术提高到一个新的水平——设计新颖、环保的运输机器，旨在从根本上改变人类的出行方式。卡门把它称为“赛格威人员运输车”。它采用了先进的微电子技术、传感器、马达和陀螺仪；卡门和他的工程师团队研制出了一种能够自行掌握平衡、拥有两个轮子的电动式平衡代步车。赛格威电动平衡车的驾驶时速可以达到约12英里，骑车人自己可以通过前倾或后仰，或是通过车把转向左侧或右侧，来改变行车的方向。而如果想要让车停下来，骑车人所要做的就是让自己的重心转移到车子中央。这款车并没有独立的制动系统。赛格威采用了符合人体工程学的锻造钢和特殊轮胎，重量大约在80磅左右，行程范围在15英里。卡门预计这款运输车的零售价在5000美元左右。

在一个担心油价上涨，空气和噪音污染不断增加，气候不断恶化，以及城市逐渐变得拥堵的世界中，卡门看到了该产品的巨大潜力。他对这些可能发生的事情是如此兴奋，以致他甚至没有采用迪克公司传统的特许费收入模式——将技术授权给一家大公司来生产和销售——而是决定成立自己的独立机构，来对赛格威进行商业化。他计划聘用相关的员工，建立工厂来制造这款机器，并制订营销计划，招聘一支销售队伍，在世界各地建立经销商网络。它的目标市场包括行人、邮政送货员、校园走动的大学生、仓库人员、警察部队、零售商场及主题公园员工，还有士兵。卡门认为，这是一个每年能够创造数十亿美元的机遇。他急于想去实现它。

比起迪安·卡门，没有人能够更好地了解赛格威的技术含量或市场潜力，因此他得出的结论是，他应该自己运营公司。然而，他对技术保密的倾向性，使得公司在新罕布什尔州招聘经验丰富的运输和制造业高管，来监督实际的量产具体操作以及电动车的销售计划变得非常困难。他对该产品的期望是，在公司成立的第一年就能够大卖几十万辆，今后年年递增，到第十年时年销售超过2200万辆。由此，卡门需要从一家成熟的大公司挖来团队，他们拥有规模化的全球运营经验。面对卡门的招聘条件，应聘的挑战被无限放大，因为很多人都认为，他是一个以自我为中心的、有控制欲的怪家伙。

卡门自己所说的那样，“就连我自己的父亲——我一直以为他很喜欢我——都说我是个让人恼火的家伙”。

尽管如此，他还是从克莱斯勒和宝洁公司聘请了经验丰富的企业管理人员，就任公司的高级管理职务。公司基础设施的不断升级，库存和人员的增加，需要大量的资金，这个资金量已经超过了卡门个人的出资能力。他只好出去寻找外部的融资合作伙伴，这对他来说还是第一次。幸运的是，这是在1999年的互联网热潮期间，他需要的5000万美元风险投资似乎唾手可得。面对筹款挑战，卡门利用他那出色的销售技巧、热情和积极性来描述渲染这家企业，称它在五年之内，价值就有可能达到250亿美元以上，然后再过五年，市值能够在此基础上再增加三倍。

卡门将他筹款演讲的听众，锁定在硅谷名头最响亮、最受尊敬的一位风险投资家，来自“克莱纳—帕金斯—考菲尔德和拜尔斯公司”的约翰·杜尔身上。约翰·杜尔堪称一位传奇人物，他曾对众多标志性的初创公司进行过投资，与网景公司、亚马逊和谷歌都曾有过合作。他像是一位摇滚明星，经常在围绕科技和创业的国家政策问题上充当代言人。杜尔开始加大力度宣传这个犹抱琵琶半遮面的项目。他甚至暗示，卡门的新公司的营业收入突破10亿美元大关，将会比历史上任何公司来得都快。这些话进一步助长了媒体的炒作。卡门成功地为赛格威公司筹得了9000万美元股权融资——

领投的是“克莱纳—帕金斯”和瑞士信贷第一波士顿旗下的管理基金——同时他还保住了该公司的个人控制权。

2001年12月3日，卡门在美国广播公司的“早安美国”节目中，向全世界介绍了赛格威车。他宣布：“如果说，我们希望这件事情能够带来什么样的影响，那就是城市将成为行人的天下。”卡门和他的团队正准备提高产能，并开始着手发布他们的新产品。他们的新工厂每月的产能高达4万辆赛格威车。

然而，还不到两年，美国消费者产品安全委员会就宣布，赛格威已经召回了它出售的所有6000辆人力运输车，这是一个远远低于卡门早期产量预测的数字，因为市面上出现了跌倒风险的新闻报道，不过只有三个受伤的案例。该问题被认为是因为电池电量耗尽时，不再能够产生足够的力量来保持机器直立造成的。2004年，“偏向虎山行”的卡门，从富裕人士阶层那里筹集了3100万美元的增量股本，以支持业务的增长和发展。然而，在2006年9月，美国消费者产品安全委员会再次宣布召回2.35万辆赛格威电动平衡车，因为机器存在着可能会因意外对车轮实施反向扭矩而造成骑车人摔倒的风险。第二次召回后，赛格威的销量逐渐下降。公司的业绩从来没有达到如迪安·卡门和约翰·杜尔预计的那样，产生几何级数的增长，而且也没有实现任何盈利。这使它沦落为一头备受瞩目的“白象”。终于在2009年12月，在一次静悄悄的交易中，赛格威公司被一家英国商业巨头收购（交易金额不详），卡门这个把赛格威平衡车发展成未来城市交通工具的美梦，也就此宣告结束了。

究竟是哪里出了问题呢？卡门曾是一位经验丰富的企业家，他有着长期的成功商业纪录。卡门的电动平衡车很有天才色彩，这是一个非常罕见的技术突破。卡门也有机会获得大量的资金，以支持公司开足马力加速运转，而且他还享受到免费的宣传，以及在产品推出时来自周围的巨大关注。赛格威得到了来自经验丰富的投资者的资金支持，这其中还包括美国一位最成功的风险投资家。然而，以上这些还是不够。

迪克公司从未进行过任何市场调查，以测试产品的需求程度。卡门害怕让整个世界过早地关注他的伟大发明，整个产品团队更加偏好公告前的神秘性和炒作空间，这为产品带来了极为兴奋的关注度——如果消息放出太早，这种气氛会悄然消失。大多数消费品公司都会将这种不作为当成经典的失误来看待。但是，很多超出我们想象边界的非凡产品，并未从焦点人群或市场调查那里得到强烈的反馈。如果你对这个产品进行了尝试，也会如史蒂夫·乔布斯和杰夫·贝佐斯所做的那样——他们二人都认为它“很有趣”，但是“并不值得投资”，你也许会惊叹于它的巧妙和趣味性，但这绝不代表它“很有用”，值得自掏腰包5000美元让它成为自己的东西。在一个“脑袋上戴着头盔 ≠ 有吸引力的时尚宣言”的时代里，假如市政法规限制乘坐平衡车的乘客只可以在某些范围内使用该产品，或者当产品的重量会让它显得笨拙的时候，尤其是对身材较小的人们而言，情况就会变得非常不同。当消费类产品的复杂性导致了产品召回而对市场看法造成了破坏时，它们中的许多会一下子变得站不住脚，而这也会让消费者自然产生对“购买新奇货”的抵触情绪。卡门赋予了赛格威平衡车许多积极的属性，但这还不足以实现突破，并取得商业上的成功。

* * *

正如迪安·卡门所受到的教训，在交通领域，为市场带来新的、先进的技术，是一件非常棘手的事——因为这里充满着无数的法规、机械技术方面的挑战、大量的资本需求。对于一个管理新手来说，这样做的难度就更大了。

在人们的意识当中，有着这样的一个共同认知：来自大型企业的经验丰富的管理人员，接受过大量的业务培训，有更广阔的人脉基础，并经历过伤痕累累的错误教训，这比起那些年轻的后起之秀，有着更为显著的优势。然而，领导一个早期的创业企业，所需要的技能是迥然不同的。能够令成熟企业沿着阶梯拾级而上的管理模式，往往并不是一个资源匮乏的新公司所亟需的——后者是靠创造力、自力更生的精神、不屈不挠的毅力和满腔的热情为生的。

个人魅力的化身

英俊而又张扬的他，平日里出行都是飞机来飞机往；他迎娶了一位超级模特；他还是纽约洋基队（棒球队）和圣地亚哥电光队（橄榄球队）的股东。他把他的新公司的总部，设在纽约市公园大道一幢玻璃和钢铁结构的摩天大楼的43层。约翰·德罗宁可谓风度翩翩，勇气和个性十足。他有超过20年的汽车制造经验。这是成立一家创新汽车公司的全部必备要素——好吧，是几乎全部的必备要素。

约翰·德罗宁出生在底特律的一个工人阶级家庭，在大萧条时期长大。他在中学时代是一个好学生，在第二次世界大战期间曾经在军队服役三年。修读了一个大学学位后，他也加入到战后工业繁荣的洪流当中。从克莱斯勒研究所拿到汽车工程学位后，德罗宁加盟了帕卡德汽车公司，他在一个创意十足的转型项目中被授予12项专利；为此，他得到了迅速的提升，成为了公司的研究主管。

1955年，通用汽车的庞蒂亚克分部挖来了德罗宁，以帮助公司来重新定位这个传奇品牌，使之能够更加适应目前购买力疲软的群体。当年只有三十六岁但性格强硬的德罗宁，得到了破格的提拔，成为负责庞蒂亚克品牌新产品开发的总工程师。在这个新的职位上，他协助公司研发并推出了一款新的双座跑车——“庞蒂亚克GTO”。在此之前，庞蒂亚克给人们的印象是很朴实平常的，但此时德罗宁在庞蒂亚克GTO的设计上显示了他的天赋。他很好地顺应了那个“肌肉车”的时代——这种类型的汽车具有速度快、外观华丽的特点，很好地瞄准了年轻的客户群。最早预计每年销售量仅为5000辆左右的GTO，最后成为了通用汽车的销售大赢家——在推出之后的第一个五年就狂卖了25万辆。基于这一巨大成功，德罗宁再次得到了提拔。1965年，他当上了庞蒂亚克品牌的总经理。此时只有四十岁的德罗宁，居然已经成为通用汽车历史上最年轻的部门总经理。他正在把这家美国最大、最耀眼的工业企业，引领到蓬勃发展的快车道上。

德罗宁的迅速崛起还在继续。四年后，他赢得了通用汽车公司最大的部门——雪佛兰品牌的头把交椅。他获得了公司管理人员的地位，得到了更高的薪水和更加丰厚的奖金。对于德罗宁来说，这些无疑再适合不过了。他决定，他的个人生活方面也同样需要一些改进。他和他的结发妻子离了婚，在下巴上动了整容手术，并不断升级自己的衣橱。受过良好工科训练的德罗宁发现，在汽车业务中，营销和广告环节对他来说具有更多的吸引力，因此他往往会住在加州南部办公。在好莱坞，他凭借整容带来的“帅哥”优势，经常与名流们约会。他最终娶了一位有远大抱负的女演员。

德罗宁在1972年再次被公司提升。他成为了副总裁，负责通用汽车的轿车和卡车生产，同时，他在通用汽车公司底特律总部的行政楼中，也有了一间自己的办公室。显然，他是在向成为公司的领导者稳步进发。他还决定再娶一个新妻子。这次和他结婚的是名模克里斯蒂娜·费拉里。相比于那些居住在郊区小镇格罗斯—波因特的形象稳重的底特律汽车高管，德罗宁更喜欢在 “快车道”生活。但是一年后，当德罗宁四十八岁时，他却放弃了唾手可得的管理层职位，他突然离开了通用汽车公司。他已经受够了美国公司的做派。德罗宁并没有跳槽到竞争对手那里，或转投大型汽车零部件供应商麾下，而是当上了由林登·约翰逊和亨利·福特二世创立的“国家商人联盟”的主席——这是个非营利性组织，主旨是协助那些有需要的美国人。他还与人合著了一本畅销书——《天气晴好时，你可以看到通用汽车》，描述了他在通用汽车的经历，这本书完全是从负面的角度来讲述这家公司的。

1975年德罗宁宣布，他重新投身汽车领域，但这次是作为一位企业家，做出一个难以置信的尝试：创建一家新的汽车公司。之前没有一家新创立的汽车公司能够在美国市场上存活25年，但德罗宁坚信他可以让它生存下来。毕竟，他对如何设计、制造和销售汽车的了解不亚于任何人；他还有管理工作的天赋；此外，还有很多富有的人可以资助他的梦想。不过，如果说建立一家新公司会面临很多的障碍，那么试图在一个资本密集度相当高、竞争非常激烈的成熟行业获得成功，其难度估计要位列所有商业挑战的顶端。在20世纪40年代后期，普雷斯顿·塔克曾研发出了一款设计独特的汽车，这款车有着花哨张扬的造型，先进的安全性能，再加上一台非同寻常的后置发动机。塔克企图凭借此车高调进入汽车行业。甚至在真车上路之前，塔克就通过公开发行股票，募集了数百万美元的资金，并出售经销权和带有该车标志的纪念品，还以很低的成本从美国政府手里获得了一块前飞机发动机制造基地来进行生产，并将他的推广力度上升到国家层面的宣传活动。然而这所有的一切都没有起到作用。在生产了大约48辆车——绝大部分是手工打造成的——之后，塔克关停掉了公司的运营。他的钱用光了，面临大量的诉讼和指控，以及破坏了他大胆努力的丑闻。

然而，德罗宁并没有被前者的失败所吓退。他很快就从其他公司招募了几位经验丰富的管理人员，加盟了他的新公司——德罗宁汽车公司（DMC）。德罗宁懂得，一个新的汽车公司，绝对不能尝试从零起步开始进入主流市场，除非它有庞大的资金支持，以及成熟的生产和分销基础。对于他的计划来说，关键是要去设计一款高端运动型轿车，这款车应该能够完美契合他个人的自我形象，拥有先进的造型和全新的安全性能。他的战略目标是一个相对规模较小但利润丰厚的小众市场，紧跟雪佛兰克尔维特——当时这款车已经逐渐过气——和保时捷客户的脚步。与塔克二十五年前的做法相似，德罗宁迈出的第一步，就是着重尝试为车设计独特的造型。他从意大利招募了业内一位最顶尖的汽车设计师，全力打造他的首秀车型——DMC-12。德罗宁的目标是，向市场推出一款豪华的两座跑车：它采用翼式车门，四轮独立悬挂，搭载四速手动或三速自动变速器；它整体构造采用一种强化复合的模塑玻璃纤维，外观则采用拉丝不锈钢，能够有效避免生锈和腐蚀；它为车内的司机和乘客，都提供了被动式安全系统；它还拥有四轮碟刹；一块燃料电池放置于底盘的中央。这款DMC-12型跑车首发的预期标签价格为1.25万美元。

德罗宁以70万美元自有资金作为“种子资金”，很快就从他的富人交际圈和当地名流那里——包括约翰尼·卡森和萨米·戴维斯——又筹集到了120万美元资金。他在进行汽车生产之前，就以10万美元的价格预售了经销权。考虑到美国跑车市场每年的容量大约是80万辆，德罗宁把他的生产目标定为每年3万辆，他认为这样的话，一切就都在掌控之中。然而，考虑到生产和销售、分销及维修，每天100辆的业绩也不是那么容易就能达到的。

就算他抓住了强劲的经济增长势头，德罗宁的任务也是充满风险的。更何况在1973年，在全球经济衰退，欧佩克组织推动油价飙升，造成惊人的通货膨胀率的背景下，这个任务就显得有些令人望而生畏了。然而，德罗宁却认为，在经济衰退的背景下，他的公司有一个巨大的好处——它能够创造就业机会。他决定新开设一家汽车组装厂，向波多黎各和北爱尔兰拍卖就业机会。

事实上，英国当时非常渴望能为北爱尔兰地区创造就业——当时英国政府正面临北爱尔兰西部城市贝尔法斯特的内乱，以及当地三分之一的劳动者失业，因此它在积极投标，以争取创造数千个新的就业机会——尽管外部顾问的报告指出，德罗宁的公司只有10%的成功几率。英国政府最终在投标中胜出，并向DMC提供了1.35亿美元的贷款和贷款担保。

随着融资的到位，以及一个令人兴奋的新车型外观设计出炉，1978年10月，德罗宁汽车公司开始兴建拥有六座建筑、总面积达6.6万平方英尺的制造工厂。公司的计划是，在头一年生产2万辆轿车，在1979年年底让头一批车下线。不幸的是，在将这款车从概念环节引入到生产环节的过程中，德罗宁这位具有丰富经验的汽车工程师发现，由于采购零部件方面的困难、成本的变化以及出于必须满足某些细节的考虑，他们不得不去改变汽车的设计。最终，DMC-12型跑车使用的是性能较低的雷诺引擎——汽车加速到时速60英里（即时速100公里）需要花上10秒钟，而原先的预期仅为8.5秒钟——以及充满动感的莲花跑车（Lotus Esprit）的设计，采用了不锈钢车身。最后，德罗宁原先预计售价为1.25万美元的这款DMC-12，售价将会增加一倍，这比保时捷924的标价还要高出15%，比雪佛兰克尔维特的价格竟然高出50%！

这并不令人吃惊，因为任何新车，更别说是由一个未经市场考验的企业制造出来的新车，都会遇到严重的设计和装配问题。DMC-12型跑车当然也不例外。它遇到的一个问题是，车门的面板与车身的结合度不够协调。这迫使公司在把车从北爱尔兰运抵美国时，不得不派出专人来对车辆进行手工改进。其他的问题也同时出现了，例如，虽然车子采用了不锈钢外壳面板，能够防止生锈和腐蚀，但它让落在上面的污垢和灰尘以及指纹等一览无余，这毫无疑问令它的诱惑力大打折扣。

尽管DMC-12型跑车做了很多华丽的广告，拥有一个全国性的经销商网络，以及力度空前的免费宣传，但市场对这款跑车的需求远未达到德罗宁早先的预期。在艰难的经济环境下，2.5万美元标价意味着巨大的销售压力。即使是那些历史悠久的车型，只要标签价格超过1万美元，年度销售额也从未超过2万辆。面对每年销售业绩达到1万辆才能财务收支平衡的情况，德罗宁汽车公司看到了前方的麻烦。然而，德罗宁依然自信满满，到了1981年12月，西贝尔法斯特工厂已经生产了近7000辆车——尽管德罗宁只卖出了3000辆。为了使英国政府高兴，德罗宁甚至打破了汽车行业中的一个基本潜规则：他生产汽车，是为了满足生产模式，而不是经销商的订单。 德罗宁汽车公司开始出现现金短缺。华尔街的证券承销商们告诉德罗宁，他们不会通过首次公开募股为德罗宁汽车公司筹集资金，除非工厂每天将生产提高到100辆左右。由此，公司的生存也成了问题，而美国证券交易委员会的关注，则令德罗宁汽车公司在1982年1月被迫取消额度为2700万美元的首次公开募股。而英国政府则拒绝提供增量资金，德罗宁汽车公司被迫将1100名爱尔兰工人裁掉，而剩下的1300名员工则在五个月之后离开。

有时，绝望的人会做出绝望的事情。为了抓住拯救公司的任何机会，德罗宁需要马上筹集到更多的钱。为了筹集超过2000万美元的新资本，德罗宁不惜背水一战。在1982年底，他把自己卷入了一个可卡因走私计划。这个行动竟然是美国联邦调查局设的局，美国缉毒局在一次高度公开的卧底行动中，在录像带中发现了德罗宁的身影。

此后不久，德罗宁汽车公司黔驴技穷，只好申请破产。1984年，一位联邦法官宣告约翰·德罗宁无罪。他判决美国的执法机构采取了不正当手段。当被记者问及他是否打算重新进入汽车行业时，德罗宁反问道："你要从我这里买一辆二手车吗？"

德罗宁汽车公司失败的原因有很多，比如：与德罗宁曾经试图实现的规模相比，他手中的资源太少；在设计、制造和融资问题上，公司的执行力太差；在DMC-12型跑车进入市场时，美国经济确实处在一个不幸的时期；公司在以一个过于昂贵的产品，指向一个过于小众的市场。人们可能会期望，像德罗宁这样经验丰富的汽车行业高管，应当能够知道如何将这些谜团恰如其分地结合在一起。虽然他做对了很多事情，但他还是未能做对足够多的事情，以将他的理想变为现实。

从零开始创建一家汽车公司，或许是创新企业中最具挑战性的一例。而那些新近成立的，试图从今天的电动车和混合动力汽车中寻找机遇的车企们，能够从德罗宁和塔克的失败中得到些许教训——筹集足够的资金；开发优质的产品和成本结构以确保生存；建立一个足够大的经销商网络；规避产品召回；理顺生产环节；造出拥有足够独特性的汽车，以便从那些更成熟的全球制造商，以及其他侵略性和创造性十足的初创企业的新产品中脱颖而出，抓住不断上涨的油价带来的机会，巧妙规避可能抑制需求的宏观经济压力。之前那些错误的路线图，应该对他们会有所帮助。

* * *

然而不幸的是，那些新公司经常被显而易见的昂贵库存压垮，因此，从未实现持续盈利的案例比成功的案例要多得多。一个公司渡过难关和瞬间崩盘的区别，往往就是几个糟糕的管理决策、不充分的计划、意料之外的事，或是一个空空如也的银行账户。有时候，管理经验不足能够解释失败的原因，但即使是那些具有多年相关背景的人士，比如卡门和德罗宁，往往也不能够很好地理解创立新企业的困难。然而事实上，让新企业渡过难关，总是一件很棘手的事情。这也在提醒着我们：那些有幸获得成功的企业，完成的是一件多么令人印象深刻的成就。

TRANSFORMATIVE
ENTREPRENEURS

第7章
误入歧途

与重塑品质相比，保持品质是更容易做到的事情。

——托马斯·潘恩

商界有一个令人讨厌的侧面，其所支持的商人总是拥有一个贪婪、缺乏道德的公众形象。尽管这些特质并不为商界人士所“独享”，但新闻媒体们却会成年累月地，通过每日头条播报商界人士的失足行为、不轨行为和不法行为。创业者们大多被描述为“性格强硬”“不择手段”“无毒不丈夫”、行动导向的个体。似乎从来没有人认为他们是有道德感的。那些最成功的公司创始人们，是无法保证自己能通过天堂“珍珠门”入口的。更加可悲的是，甚至当他们在赌局中成功的时候，还是有一些企业家走错了方向，试图抄近路，用触犯法规的方式，希望并期待着他们的公司会因此发展得更快，走得更远，赚得更多。尽管现在人们往往并不清楚，他们是否在试图带着不法行为蒙混过关，但这种扭曲的追求往往会让人忘记常识；而对失败的恐惧，则会左右自己的判断；环绕在他们身边的疯狂宣传，会冲昏他们的头脑，让他们不能忍受风头不再的时刻。

虽然大多数创业者会悬崖勒马，但总有一些会铤而走险。当他们这样做的时候，最终的结果就不那么美妙了——联邦检察官和律师们会蜂拥而至，不少曾经显赫一时的创新公司，在被头条新闻播报的劣迹中灰飞湮灭。如果把那些失去理智并越过可接受范围的企业家们，统统归为伯尔尼·麦道夫和查尔斯·庞齐这样的“白领罪犯”，也许有些不公平，但这个区分标准就不是这里能讨论的了。天堂的免费通行证并不是创新者应得的，但他们的独创性、决心和不屈不挠，却往往能够改变一个行业。

* * *

莎士比亚在《暴风雨》（*The Tempest*）中写道：“过去，就是今天的序幕。”华尔街已经证明，他是非常有先见之明的。在2008年雷曼兄弟和贝尔斯登倒闭之前很久，就已有了德崇证券（Drexel Burnham Lambert）的先例；在朱利安尼成为纽约市市长，并成为我们的总统候选人之前很久，就已有了德崇证券的先例；在世界专注于次级抵押贷款、信用违约掉期和对冲基金保值崩溃很久以前，就已有了德崇证券的先例；曾经——而且并不是在很久以前——金融宇宙的真正震中并非伦敦、东京、香港、法兰克福或纽约，而是在加利福尼亚州比佛利山庄的罗迪欧大道和威尔夏大道的交叉点上。在这里，你会发现迈克尔·米尔肯，德崇证券的高级副总裁。

肇　始

投资银行家已经作为专业执业者存在了数百年。他们的营生与资金流动——尤其是大笔资金流动——密切相关。投资银行家们早就了解到，当他们的客户愿意支付一小部分佣金作为劳务费时，他们就可以为自己赚到可观的数额。那些在纽约华尔街、伦敦金融城，以及全世界众多的股市中从业的人们都知道，他们只要从每块融资“馅饼”上切下很薄很薄的一片，就有机会为自己赚得巨额财富。多年以来，投资银行家的数量一直保持着一个相对稳定的百分比，但那些馅饼已经变得更大，因此他们的切片也会变得更有价值。不幸的是，对于他们中的某些人来说，面前巨大的利益和高额的资本利得干扰了他们服务客户的本义，也由此引发了各种不道德的行为。我们已经对这样的事情司空见惯。

迈克尔·米尔肯成长于美国洛杉矶郊区的一个中产阶级社区。他度过了一个平静的童年。他去了地理位置稍北的加州大学伯克利分校读大学，并带着“优等生”的荣誉在1968年顺利毕业。在20世纪60年代后期，美国的城市陷入了巨大的动荡和混乱；对越南战争的抗议活动，迎来了一个更加自由的社会议程。此时的米尔肯，选择了一个似乎有些不合时宜的职业生涯：进入商界。他东行至宾夕法尼亚大学，在沃顿商学院获得了工商管理硕士学位。1970年硕士毕业之后，米尔肯加入了一个规模较小但历史悠久的金融公司——德雷克塞尔—哈里曼—里普利公司的费城办事处。在公司中，他负责研究债券，寻找有吸引力的交易价格。相较于那些名头更响的华尔街公司，如摩根士丹利公司、库恩—雷波公司、狄龙—里德公司、高盛公司、第一波士顿，德雷克塞尔公司缺乏它们所拥有的声誉。它主要通过服务于小型企业和投资者等边缘客户来挣些小钱。

在大学里，米尔肯曾经读过一份20世纪50年代的研究报告。该报告显示，在20世纪上半叶，相对于高品质公司发行的多元化债券组合，那些更加广泛的、由非蓝筹公司发行的债券产品组合，提供了一个更高的回报率。换句话说，低评级的公司要支付较高的利息率，以吸引投资者把钱借给他们；然而这些“非投资级”债券的违约率并没有那么高。米尔肯确定，持有这些债券带来的预期收益，与它的预期风险相比，存在着明显的不匹配关系——因此，持有它们是一个有吸引力的选择。因为他在德雷克塞尔公司的高管位置，他有足够的手段来找到合适的价值投资目标。在20世纪70年代，市场中这种类型的债券并不多，但米尔肯看到了一个机会——可以通过买下这些证券，并将其销售给一些金融机构，如保险公司和养老基金，来创造更多的流动性。他的结论是，他能够通过建议其客户购买这些非投资级债券，给德雷克塞尔公司带来丰厚的利润。他把办公地点搬到了纽约市，以便更好地实现这个想法。米尔肯确信，他的洞察力将使得债券持有者的收益率大大提高。但投资策略是有风险的，需要高超的推销术来打动金融机构的债券投资组合经理——那些家伙只想购买高评级债券，他们并不相信任何其他投资级证券以外的东西。米尔肯对眼前这个机会充满激情，他已经准备好迎接挑战。他对这些知名度一般的低评级债券，以及发行它们的公司，都做了详细的了解。当他为这些债券扩展了市场之后，交易量有了明显的提高。这使得米尔肯开始为德雷克塞尔公司（现在已经更名为德崇证券）赚取到可观的利润。最终，他说服他的老板，让他进一步提高公司的销售和交易活动。在1973年，他的交易头寸产生了惊人的100%收益率。他也顺理成章地得到了更多的资本，来构建自己的债券库存，在1974年，他的投资回报率也达到了令人印象深刻的40%。基于如此可观的利润，米尔肯的名字逐渐在德崇证券内部响亮起来。他让那些接受了他的策略，并因为债券投资组合而获得较高收益率的客户们感到高兴。

米尔肯作为金融业的创新者，正走在通向伟大的途中。他作为一个新鲜出炉的商学院毕业生，能在短短的时间内为公司注入全新的活力，这在商界中可能找不出更好的例子了。识别新的商业机会，然后成功地执行它，这样的事情在一个完善的公司内部，并不经常发生。它与创业者在创业公司中采取的技巧和需要的激情基本相同。他的成就，充分说明了相关的人、组织及其现任领导层的灵活性和理念创新的能力。虽然在当时，德崇证券正受到许多令华尔街苦恼的趋势的冲击，但或许正是这个原因使得它对于新事物的态度更加开放。而米尔肯的独特才能，以及他能够抱着坚定的信念——“我的见解是正确的”，为他卓越的创新行为奠定了基础。

让美好时光继续

当美国经济在20世纪70年代中期面临衰退和动荡时，那些在健康的经济环境下以出售债券为营生的公司发现，他们的生意不太好做了。他们的债券价格下跌，收益率和库存大增，这给米尔肯和他的团队创造了更多的交易机会。在金融世界中，更多的交易活动往往是推销员和商人的最爱——他们偏好额外的流动性及其带来的赚取更多手续费和佣金的机会。米尔肯并没有什么不同。如果说“一些”能用“好”来形容，那么“更多”就意味着“更好”。

当时的美国国债提供了一个大约7.5%的年回报率，但米尔肯手里的债券收益率更高，能够获得两位数的回报。面对这些高收益债券，或者干脆称为“垃圾”债券的持续增长，越来越多的机构意识到，米尔肯已经正确地预测到了低违约率和支付的高额利息之间的差别。此外，更大的市场意味着流动性更强的市场，这使得它更容易实现买家和卖家之间的交易。当然，作为一位配售代理，米尔肯知道谁拥有这些债券，以及谁想买更多的债券。德崇证券甚至创立并销售共同基金，只是为自己的高收益债券扩大市场机会，使规模较小的投资者可以与大型金融机构一起“玩”。

到了20世纪70年代后期，德崇证券的业务回升势头越来越猛，要求米尔肯在公司管理方面花费越来越多的时间，而这也会使他的首要任务——销售高收益债券——有所分心。他越来越渴望拥有自己的空间，希望远离正在接管纽约公司的投资银行家们。也许是他不希望亲眼目睹风险不断升级之后必然发生的那一幕，米尔肯采取了一个大胆的行动——这个行动也是因为他为公司带来的巨额利润才成为了可能。他宣布，他要回到他的家乡，并把公司中整个垃圾债券团队——包括销售人员和交易员——一起搬到了加州南部。为了获得更多的家庭时间，米尔肯还在使用东部时间，每天凌晨四点半就开始工作，他的办公桌上有一张标语：“我工作越努力，我就会变得越幸运。”没有人比迈克尔·米尔肯更努力，没有人能够成为比迈克尔·米尔肯更有说服力的推销员，没有人比迈克尔·米尔肯更了解华尔街融资的公司，没有人比迈克尔·米尔肯更有创建和指挥市场的强大动力。由于他的业务增长和利润涌出，他成为了金融世界的摇滚巨星。而且，还有更多更多的惊喜。

凭借其独特的为规模较小公司销售高收益债券的能力，德崇证券吸引了很多寻求获得发展资金的创业者。其中最顽强的是史蒂夫·韦恩，他在拉斯维加斯拥有一家名为“金块”（Golden Nuggets）

的小规模赌场酒店。韦恩只能挣得有限的利润，但他如果新建一个赌场酒店，要花掉一亿美元。被别人拒绝的韦恩，在米尔肯那里得到了支持，他通过给债券购买者灌输“德崇证券正在为该公司信用背书”的信心，为这个高风险项目成功筹集到了必要的资金。这次成功的融资为德崇证券带来了机会，其他成长型公司，包括MCI通讯公司的长途电话服务、远程通信公司的有线电视服务，以及麦考蜂窝公司的无线通讯服务，都来为其资本密集型业务融资。如果一家创业公司需要资金，却无法得到商业银行的青睐，德崇证券就成为了一个有吸引力的替代选择。

1980年，德崇证券的业务风头正劲，积聚了大量的债券发行人和买家，提供了流动性良好的大规模市场。米尔肯决定把他最好的客户整合在一起，进一步巩固他对市场的控制。他邀请他们到洛杉矶参加第一届高收益债券会议。起初，这是一项非常不起眼的活动。但在之后的几年，随着垃圾债券变得供需两旺，米尔肯进军好莱坞，不停地在闪光灯下亮相，赚足了名气。他作为赞助商，把一场场令人眼花缭乱的晚会，变成了金融圈年度最具影响力网络社交活动。每年都会有近两千位呼风唤雨的企业家和金融从业者聚集在贝弗利希尔顿酒店，嘉宾名单包括企业老总、金融家、著名学界演说家和大批的名流艺人。出席会议的邀请函后来被称为“捕食者的球”，被炒得发烫，因为只要得到它，就意味着有机会去亲吻米尔肯的戒指。

公司的业务如滚雪球般不停地增长着。1981年，只有五家投资银行参与了高收益债券业务。德崇证券的市场份额高达70%，但米尔肯想要的是独占市场份额。由于它占据了高收益债券销售和交易活动的主导地位，德崇证券开始为其服务索求更高的回报率，而这大大超过了标准的承销价差。米尔肯坚称，公司需要额外的激励措施，来吸引债券购买者。他开始要求债券发行人发行可分拆认股权证，允许债券投资者购入债券发行公司的股份。然而，有时米尔肯会从德崇证券或合作伙伴的账户中截留这些权证，或者是将其出售给第三方，以这样的方式从公司那里"揩油"。

德崇证券的投资银行家们发现，大量公司都在觊觎高收益债券市场，但潜在的发债供应量很快就超出了购买者们的投资能力。在不经意间，美国政府帮了他们的忙。为了支持市民购买自有住房的"美国梦"，国会成立了一系列储蓄和贷款公司，来为人们提供住房抵押贷款。在20世纪60年代，有利的立法促进了它们的兴旺发达。然而，到了1980年和1981年，全美3000多家储蓄和贷款公司却出现了严重的财务问题，因为它们违反了金融的最基本原则之一：他们做长期的固定利率按揭贷款，却通过短期的存款及储蓄账户来获得资金。在20世纪60和70年代，储蓄和贷款公司同意以4%到5%的利率发放长期贷款。但是，到了1980年，利率急剧跃升到了两位数，增加了贷款人的资金成本。由于缺乏转嫁增加的成本的能力，在此期间，有超过700家小型银行倒闭，造成了约1600亿美元的负债，这些债务最终被美国纳税人吸收。作为回应，并且迫切想要防止国家的金融体系进一步被破坏，立法者们为储蓄和贷款公司松绑，允许这些公司将自己的一部分资产注入收益较高的商业贷款和公司债务证券，以提高盈利能力。宽松的联邦法律允许它们利用自己低成本获得的、已被联邦担保的资金，购买德崇证券兜售的那些高风险、高收益债券，来进一步提高它们的利润。没过多久，米尔肯和他的团队就发现了一批全新的大买家群体，它们急于赚取由垃圾债券所提供的高利率。更多的债券买家，扩大了交易市场，增加了公司的盈利能力，进一步巩固了米尔肯在高收益债券市场中的统治地位。

乐队继续演奏

在20世纪80年代初，随着美国企业并购活动的加速，德崇证券的日子也变得越来越好过。从历史上看，税法允许公司扣除利息支出，这会让公司们感到，用债务方式进行融资，比起通过股权融资要更加划算。虽然债券伴随着偿还责任，但人们普遍认为，当一只债券到期时有一个随时可以提供债券再融资的市场，这看起来更像是类似于股票的永久资本。在20世纪70年代，人们经历的高通胀率推高了资产价值，而一些企业认为，它们的股价并没有跟上步伐。被低估的资产，加之能够以相对较低的税后成本来借债，这种状况大大刺激了企业买家的胃口——它们看到了股票丰厚的回报潜力。这些发展趋势汇合到一起，简直就是为德崇证券的投资银行家和迈克尔·米尔肯的债券销售人员和交易员量身定做的。大型企业一般只会和主流的华尔街公司合作，因此德崇证券让其旗下的投资银行家们，将目标锁定另一个收购者群体——它们这些新型合伙制投资公司，能够有效利用德崇证券强劲的高收益债券配售能力优势，专注于杠杆收购，例如科尔伯格—克拉维斯—罗伯茨公司（KKR）和福斯特曼—利特尔公司。这些合伙制公司的专长是利用少量公司股权和大量借来的资金，来获得被收购公司的控股权。这些借款由被收购公司的现有资产作抵押，并由被收购公司的未来现金流作为支撑。这种收购方式，被证明是一桩美好的“婚姻”。

在这种恶意收购交易中，准买家们面临的一个挑战是，如何在初始提案前安排融资。收购债务的潜在机构买家，并不会在得知交易细节之前就承诺购买债券——这一点毫不奇怪。而要做到这一点（得知交易细节），它们就必须事先签署保密协议，这也意味着，它们必须停止交易任何与此有关的证券。这一点是令它们非常厌恶的事情。米尔肯很快得出结论：如果他的团队可以为买方和卖方之间协商的一桩“善意收购”筹集资金，那么他们也可以去为那些“非善意收购”筹集资金。

投资银行可以利用它们的自有资金，来为客户的意向收购交易提供一部分承诺支付，这被称作“过桥贷款”。但是，考虑到自身相对较小的资产负债规模，德崇证券并不愿承担这个风险，所以它们开发出了一种创新的解决方案，该方案能够充分利用其在高收益债券市场的实力；它们会发信给有关人士，说它们对可以筹集到资金这件事“非常有信心”。虽然这封信对德崇证券没有任何约束力，但米尔肯这架筹款机器的营销能力和他取得的一贯成功，在市场上享有很高的信誉度，进而会显著降低实际募集资金的风险。此外，德崇证券可以为发这些信函收取数百万美元的费用，而不必用自己的一分钱来冒险。这是一个绝妙的主意，这只是德崇证券能够专享的一个方法，因为其他的投资银行没有足够的市场影响力和地位，来为“资金将最终到位以完成交易”这件事提供必要的确定性。然而，这绝大部分是因为，其他投资银行并没有迈克尔·米尔肯这块金字招牌。

这个理念是非常简单的：具有创业家精神、积极进取、善于运营的公司和金融买家们，在德崇证券融资能力的帮助下，可以成为恶意收购的大玩家：曾经普通的“迈克尔之友们”瞬间就可以得到巨大的收购能力。德崇证券的那些贪婪的客户们，包括T.布恩·皮肯斯，他旗下的梅萨石油公司收购了墨西哥湾石油公司和优尼科公司；紧随其后的是泰德·特纳，他的追逐目标是哥伦比亚广播公司和米高梅；卡尔·伊坎收购了环球航空公司之后，还觊觎着菲利普斯石油公司；亨利·克拉维斯的公司，实现了收购RJR纳贝斯克的著名交易；罗恩·佩雷尔曼，用他旗下的麦克安德鲁斯—福布斯公司收购了露华浓公司；媒体大亨默多克的新闻集团吞并了很多报纸和世界各地的广播公司。随着时间的推移，德崇证券的筹款能力被证明是如此强大，以至于它的客户们甚至可以在确定具体的收购目标之前，就能够为收购筹来资金。

迈克尔·米尔肯创造了一个全新的金融生态系统：首先，他为苦苦挣扎的公司债券所有者们提供了流动性；然后，为高收益债券创造了一个新的发行市场；接下来，他找到大批的买家，为这些高收益债券起到了支持作用——这一切，他都是在比佛利山庄一座不起眼的大楼四楼的X形交易台上做出的。而且，德崇证券已经拓展出了一个独特的业务：它能够以近乎垄断的费率和多种方式获得报酬。米尔肯同时创造了对垃圾债券的供应和需求，他坐在了一个快速增长、高利润的小宇宙的十字路口。1986年，迈克尔·米尔肯个人就从他的工资、奖金和合作公司的分红中足足赚了7.14亿美元。

在德崇证券的诸多交易中，商业银行是作为贷款人的角色出现的，但它们的贷款一般是短期贷款和抵押贷款。如果没有德崇证券来运作无抵押的次级债，规模较小的公司和金融买家们的这些兼并和收购交易就不会发生。虽然现在其他的投资银行，都急于扮演德崇证券的角色，但这些新的“多头交易”衍生证券，除了德崇证券以外，其他的投资银行并没有能力去经营。德崇证券在这一细分市场近乎垄断的地位，延续了前几年几乎独占垃圾债券市场的风头，在华尔街形成了前所未有的发展轨迹。在1977年底，德崇证券的营业收入达到大约1.5亿美元，资本大约也在1.5亿美元；到了1985年底，德崇证券的营业收入已经增长到25亿美元，资本金也达到了10亿美元；而到了1986年底，德崇证券收入已飙升到了破纪录的40亿美元，其税后盈利估计达到5.45亿美元，这使其成为了美国最赚钱的投资银行。

其他的投资银行很快就希望从德崇证券的蛋糕上分得一块。但是，作为游戏的后来者，有些投资银行为那些之后不久就出现违约的客户们发行了高收益债券。另外，由于缺乏德崇证券的信用，它们不得不押上自有资金来冒险，利用“过桥贷款”来支持潜在的交易，期望债券能够在之后的日期发行。不幸的是，当信贷市场露出疲态时，一些债券已经“找不到家”——那座“桥”变成了“码头”。这些债券不得不以很高的折扣出售，或是在资产负债表中作为重大损失出现。尽管如此，但竞争使得德崇证券的市场份额开始萎缩。市场的潮流正在逆转。

贪婪不是件好事

一直以来，内幕交易都是投资界的祸水。20世纪80年代中期华尔街的空前繁荣，为这种阴险的行为搭建了全新的舞台。米尔肯在高收益债券市场上近乎垄断的主导地位，让德崇证券处于并购活动的中心。为了快速提高公司股票的潜在交易价格，有什么更好的地方可以学习呢？毫不奇怪，许多来自其他公司的最优秀、最聪慧的投资银行家被吸引到德崇证券，将自己置身于这一优势地位，然后采取行动。米尔肯也在享受着这一令人兴奋的时代。他意识到，他在德崇证券创造的一切，是强大的、独一无二的，而且是非常有利可图的。他成了整个金融界中最强势的人物，但他还想要得到更多。不久之后，曾连篇累牍登载他成功事迹封面故事的杂志，就会连载一系列震惊金融界的迥然不同的故事了。

1986年5月，一位刚刚加入德崇证券一年、名叫丹尼斯·莱文的三十三岁投资银行家，被逮捕并被证券交易委员会指控：利用非公开信息，非法购买和出售证券。虽然莱文在加入德崇证券之前就已经参与内幕信息交易，但这并不能保护他现在的雇主。随着调查的范围逐渐逼近德崇证券，更多的不正当行为逐渐浮出水面。负责领导调查华尔街这些令人不齿的行为的，就是出生于纽约南部地区雄心勃勃的联邦检察官鲁道夫·朱利安尼。

1986年11月，华尔街最知名、最成功的套利者之一伊凡·博斯基，首先承认自己犯有内幕交易罪，并同意支付1亿美元罚款。这是有史以来的最大罚款金额。随后，美国证券交易委员会指控博斯基和米尔肯在某些股票的购买中存在非法共谋行为。不久，围绕德崇证券的法律纠纷，就成了金融圈和主流媒体的每日新闻热点，这使得德崇证券公司成为了世人瞩目的焦点——这是它从来没有经历过的一个尴尬位置。虽然在20世纪80年代的股市，大多数时间表现良好，但从1987年9月开始，上涨趋势戛然而止，转而掉头向下。10月19日——这个黑色星期一，股市在一天之内蒸发掉了5000亿美元，几乎占到总市值的22%。这是1929年10月金融崩盘以来，股市表现最差的一天。尽管华尔街的牛市已经结束，但美国联邦检察官朱利安尼的调查工作才刚刚开始。

1988年9月，德崇证券被控内幕交易、操纵股价、欺诈客户等多项罪名。朱利安尼扬言要利用《反诈骗和腐败组织犯罪法》（Racketeer Influenced and Corrupt Organizations Act，简称RICO）来起诉德崇证券，这使得该公司需要为员工个人开展的非法行为负法律责任。对于德崇证券来说，接到RICO起诉书，将意味着10亿美元的履约保证书需要过账，或是冻结其全部资产，公司的其他无抵押借贷资产也将降级，从而使得公司的资产负债表被大大削弱，公司声誉也将受到严重损害。从历史经验上看，如果一个华尔街公司失掉了与它交易的合作伙伴的信任，它很快就会陷于破产（2008

年的雷曼兄弟和贝尔斯登进一步证明了这一点）。德崇证券决定，它别无选择，必须要硬着头皮应诉，因为其他选择只会令它倒闭。

德崇证券遭到指控后不久，关于一家由迈克尔·米尔肯实际控制的、名为“麦弗逊合伙公司”的有限合伙公司的新闻，逐渐浮出水面。为了缓解高收益债券的新配售问题，德崇证券经常劝说发行人采用“允许买家通过认股权证来购买发行公司股票”的方式，来讨好债券买家，提高债券的潜在回报。德崇证券有时会把这些认股权证截留在自己公司的账户中，或是将它们分给旗下员工，作为他们报酬的一部分。米尔肯的上述合伙公司，正是德崇证券从这些高收益债券的发行中所获得的认股权证的一个“储存库”。然而，在麦弗逊合伙公司的有限合伙人中，有少数人作为共同基金的基金经理，为自己管理的基金购买了高收益债券。这很容易让检察官认为，这种所有权安排是诱导基金经理购买债券的一种贿赂。

利用RICO法案的威胁和这些合伙公司的补充证据，朱利安尼迫使德崇证券承认了非法交易活动以及操纵众多股票的罪名，并支付6.5亿美元罚款，以及强制罢免了迈克尔·米尔肯位于高收益债券市场核心地位的职务。米尔肯被控96项欺诈和诈骗，而德崇证券公司也成了被定罪的重罪犯。到了1990年4月，迈克尔·米尔肯对6项证券交易罪和报表违规行为认罪，支付了2亿美元的罚款，吐出了之前的4亿美元非法收入，并被判处十年徒刑。两年后，他被诊断出患有前列腺癌，因而他的刑期被减为已服刑期，随后被释放。

比起德崇证券遭受的所有争议和纠纷更可怕的是，1990年初高收益债券市场的崩溃，为金融界带来了更多的痛苦。接下来，要求储蓄和贷款公司出售它们所持有的垃圾债券的新联邦法律，更是起到了落井下石的作用。由于市场上没有了起到掌舵作用的迈克尔·米尔肯，也就少了对负面消息的制衡，市场缺少了可靠的支持来源。作为这种金融工具最著名的做市商，德崇证券库存的抵押资产价值暴跌，使得公司一下子面临巨大的资金周转问题，迫使商业银行斩断了给该公司的信用额度。

尽管它的总资产高达36亿美元，德崇证券还是根据联邦破产法申请了破产保护，这成了华尔街有史以来最大的破产案——直到2008年雷曼兄弟公司破产刷新了这一纪录。尽管如此，迈克尔·米尔肯创造的高收益债券市场，已经彻底改变了全球企业融资、并购、杠杆收购业务，以及“华尔街薪酬”这一概念。他的创新可谓是非常强大的，德崇证券对这一策略的执行也是相当辉煌的，特别是因为，它能够随着时间的推移，对各地出现的有关储蓄和贷款公司的政府法规作出灵活的应对策略。米尔肯从这个好点子里提取了精华，给那些持有低信用级别债券的投资者们带来了丰厚的风险回报。他成功地把垃圾债券包装起来，卖了出去，想方设法地开发市场，实现了之前很少能够达到的利润水平，并用来奖励他的团队，进一步挖掘业务，以支持更多的业务增长。随着经济和政治状况发生了变化，米尔肯和他的团队驾轻就熟地开发新的机会；他们拥有一个巨大的竞争优势，因为他们打下了很好的基础——良好的客户关系、不断增长的资产负债表、青睐他们的债券买家、一个接一个的商业成功纪录、受到激励的人才队伍——他们有足够的勇气坚持下去。在这个过程中，德崇证券成长为华尔街的巨头，永远地改变了资本市场。如今，全球高收益债券市场规模超过1万亿美元，在景气的年份里，新发债规模高达1500亿至1800亿美元。

但是，太多的好东西，却可能会引起阵痛。迈克尔·米尔肯拥有智慧、创业技能、吃苦精神和领导力，渴望在高收益债券市场保持主导地位，站在资本和交易世界的中心，抑或是一夜暴富的强烈愿望，这些驱使他和他的公司游走在法律的边缘，并以不那么光彩的方式出现在电视的头条新闻中。他成为了他那一代人中“过度行为”的典型。这简直太悲哀了！他是一位伟大的企业家，近乎疯狂的创新者，但他的讣告会提醒我们，他也是一位被定罪的重罪犯。

* * *

远离华尔街的“峡谷”，更远离比佛利山庄的富人和名流的生活方式——另一个行业正时来运转。这次的主角是一个出身卑微的大学生。1998年，十九岁的肖恩·范宁，一个来自波士顿市东北大学、主修计算机科学专业的本科生，发掘出逐渐普及的个人电脑、日益增加的带宽以及90年代末互联网大爆炸背景下数据流速度攀升的巨大潜能，让一小群精通技术的软件开发人员，通过让用户之间在未经著作权人许可的情况下以非常廉价便捷的方式传输数据，重塑了另一个音乐世界。在不到两年的时间里，范宁的纳普斯特公司（Napster. InC）这样一个小型机构，就用最少的资本，在没有投放任何广告、花费任何促销费用的前提下，从一个源于学生宿舍中的创意，发展到在全球拥有5800万用户，而且这个数字还在进一步迅速增长中。纳普斯特公司是第一家能够让人们轻松地通过互联网，彼此来共享他们的数字音乐收藏的企业。作为一个企业来说，这是一个神话般的创意，但它却有一个严重的缺点：任何人只要有一台能接入互联网的个人电脑，就能够免费下载这些受版权保护的音乐。这样，它就规避了知识产权法律对录制音乐所有者的保护。它让这些音乐的版权所有者变得非常不安。

“ME”一代

在20世纪80年代初，飞利浦和索尼开发的CD光盘，迅速成为消费者购买、存储和欣赏录制音乐的首选。CD光盘取代了乙烯（胶片）作为记录音乐的介质选择，它采用了更方便的封装方式，提供更高品质的音乐，迎来了音乐唱片业的一次重大转变。音乐消费者们开始购买自己情有独钟的艺术家作品的盒装CD选集，来取代他们原有的老黑胶唱片库。录音技术的进一步革新，来自1992年德国工程师们开发的MP3格式的压缩数字音频文件，这使得音乐能够被以接近CD的音质存储下来，并轻松地在互联网上传输。

范宁的大学室友是一个发烧级音乐迷，他急于扩大自己的音乐库。由于范宁经常到网络聊天室聊天，因此常常能看到网友们共享音乐和文件的行为。于是，他决定开发一款软件，在互联网上共享传播MP3文件。要做到这一点，需要开发一款容易被下载的专用软件；在几个月内，范宁和几个朋友就一道写出了这些软件程序。为了让用户们可以找到自己想要的音乐，范宁还需要开发软件，让他们能够在网络上自行搜索MP3文件——主要从别人的个人电脑上。这并不是一件容易的事，因为大多数搜索软件的目的是在网站上找到相应的材料，而不是在家庭计算机的硬盘驱动器上。范宁是让用户通过一台个人电脑连接到另一台上——他成了“P2P网络”（即对等网络）数据传输的早期开拓者之一。当时大多数人都认为，个人是不想与陌生人分享他们的个人文件的。但范宁并不同意这一点，然后，他就去设法证明他的观点。据他的了解，某些群体如大学生们，并不会介意——事实上，还可能希望——获得其他人的文件，尤其当这意味着他们可以不必离开舒服的家或宿舍房间，就能免费下载到录制音乐的时候。范宁的软件，是将每个用户的计算机变成一个小文件服务器，然后将它们联接在一起。这款纳普斯特软件会扫描网络上每个硬盘驱动器上的MP3文件，然后将它们编目到一个中央服务器上。当用户想下载一首特定的歌曲时，纳普斯特的服务器就会把两台计算机联接起来，文件就得到了共享。

1999年5月，范宁从大学退学，全职投入到纳普斯特软件的事业中。范宁的团队写出的软件，永远地改变了音乐出版的商业模式。他提供一个早期版本给自己的朋友们，并告诉他们不要与他人共享。然而，毫不奇怪，这正是他的朋友们想做的事情——几天之内，估计有3000名用户进行了音乐文件共享活动。此后不久，在他的叔叔的帮助下，范宁将纳普斯特纳入到他的商业化文件共享软件中。1999年10月，纳普斯特公司已经从天使投资者那里筹得创业资金200万美元。接下来，公司从波士顿搬到硅谷，并试图将自己打造成为一个拥有经验丰富管理层的真正的公司。纳普斯特的免费软件以前所未有的速度传播着，尤其是在大学校园——在那里，大学生们通常都拥有高速互联网服务，也很少为录制音乐支付费用。

其他的音乐文件共享服务如雨后春笋般出现，它们也提供类似的功能，但利用不同的系统架构。而且在某些情况下，它们甚至避开了之后席卷纳普斯特的法律风暴。早在2000年，美国在线公司（AOL）中一个叫作“零软件”（Nullsoft）的部门就推出了类似的软件。它并没有使用一个中央文件服务器，而是让用户直接从其他个人电脑上搜索、下载音乐文件。与此同时，其他软件公司则创建了与广告相关的收入模式，每当用户访问它们的文件共享服务时，就会弹出广告。纳普斯特软件在校园的爆炸性增长，很快就让许多大学的计算机网络吃不消了——因为它堵塞了传输端口。俄勒冈州立大学发现，学校带宽的10%被纳普斯特“占用”。在佛罗里达州立大学，纳普斯特占据了20%的带宽。伊利诺伊大学则认为，这一比例在该校甚至更高。

就像在互联网上访问的一般信息一样，所有这些音乐一下子都成了免费的。用户们已经习惯了这一点——其实，他们希望的是，任何种类的互联网内容统统都是免费的。“从别人的电脑上下载的那些受版权保护的音乐，如果没有给原作者费用，就应该等同于盗窃”，这种概念并没有得到纳普斯特软件不断增长的用户群体的尊重，或者说，干脆被他们无视了。世界上任何地方的任何人，只要能联接互联网，纳普斯特公司就可以向他简单快速地提供大型高品质音乐库，而且免费送货上门。有些人认为，他们的盗版行为是正当的，并争辩说，人们可以分享他们的CD光盘给他人，或者可以利用家用电脑的读写光盘驱动器，自行刻写无限数量的副本，而这不需要对版权持有人做出任何补偿。那么，在网上分享音乐与之有什么不同呢？纳普斯特公司辩称，它没有违反任何版权法，因为它不是托管在其服务器上的音乐，它只是通过P2P网络实现了用户之间的联接而已。

到2000年中期，纳普斯特一天可以接纳300万用户，足以媲美美国在线的用户数量——那时处于领先地位的互联网服务提供商。2000年4月，重金属摇滚乐队“金属乐队”（Metallica）起诉南加州大学、耶鲁大学、印第安纳大学和纳普斯特公司，指控它们允许学生们利用其网络来下载音乐，这违反了RICO法令——该法令正是鲁道夫·朱利安尼在起诉迈克尔·米尔肯和德崇证券时曾使用过的那条。最终，超过200所高校禁止在它们的计算机网络中使用纳普斯特软件，但许多其他学校以美国宪法保护的言论自由为由，继续在校内允许该服务，即使它会“吃掉”学校的网络带宽。

纳普斯特软件的扩散，威胁到了规模高达130亿美元的音乐录制行业——以艺术家、出版商和零售商们为主导。唱片公司与其旗下的艺术家们之间有一个存在已久的——即使不是完全公平的——业务关系。音乐娱乐界的“五大”（索尼音乐娱乐集团、贝塔斯曼音乐集团、华纳音乐、百代公司和环球音乐集团）为了自身的推广、制作和销售行为，需要向歌手、歌曲作家、音乐家们付费，以换取他们的作品。巨星们享受到了巨额报酬，但也为他们的音乐出版商们创造了可观的利润。唱片公司有着巨大的基础设施和固定成本，包括与录音艺术家的预付合同。通过纳普斯特和其他类似软件，盗版变得如此容易实现，由此带来的巨大销售损失，在行业高管们中间产生了巨大的恐慌。由于许多稳固的公司受到了新技术和新竞争的冲击，它们觉得必须得做些什么来保护自己以及它们的专有权，坚决反对“不向著作权人支付任何款项”这个如潜伏病毒一样的创新。它们选择了一个非常美国化的战术：它们聘请了律师。1999年12月，音乐业的贸易协会——美国唱片工业协会——起诉纳普斯特公司，声称它对大规模侵犯版权起到了协助及教唆作用。

2000年5月，尽管由于股市的迅速下跌，造成了互联网泡沫被戳破的局面，纳普斯特公司还是从备受推崇的硅谷风险资本家那里，成功筹得了股权资本1500万美元，并用这些资金来支持企业的发展，从唱片业招聘有经验的管理人员，并支付日益庞大的法律费用。为了保护自身来应对越来越多的诉讼，纳普斯特公司聘请了著名的诉讼律师大卫·博伊斯来为其辩护。博伊斯是一位法律界的明星人物。在20世纪70年代，他曾经为IBM反垄断案成功地做过辩护；在2000年，他代表美国司法部，在反垄断案中起诉微软公司。后来，他又在2000年总统大选后，在美国最高法院“戈尔诉布什”案中，代表副总统戈尔出庭。在纳普斯特的法律辩护中，有三条基本原则。首先，1992年的《家庭音频录音法》明确了消费者共享音乐的合法性——只要他们不利用其从事营利活动。其次，以纳普斯特为基础的文件共享行为，有很多是合法用途的，并不只是音乐下载。第三，作为一个互联网服务提供商，纳普斯特不应该为其文件列表负法律责任。纳普斯特公司认为，它仅仅是作为个人电脑之间的通信推动者而存在，因为它并没有复制文件、提供复制文件的技术、压缩文件或是传输文件，因此也没有违反任何法律。

尽管在2001年2月，纳普斯特公司因故意鼓励和协助侵权行为，被加州上诉法院判为有罪，但该公司已经向世人展示了，如何利用互联网的力量，完全打乱之前行之有效的业务模式和行业结构，尤其是当主产品和服务的内容已经可用以数字形式传输的情况下。在这个过程中，它改变了世界各地的人们互动、创造、传播那些可以被数字化的信息，并为其付费（或者根本没有为其付费）的方式。最初的重点是在音乐领域，但其他受版权保护的材料也面临同样的挑战，包括书籍、照片、电影和视频游戏。在2001年3月的高峰期，纳普斯特的服务器使得用户们每天能够复制超过1.65亿首音乐文件。

纳普斯特公司于2002年6月申请破产保护。盗版行为最终还是划不来的。在标准的早期互联网公司潮流中，纳普斯特公司并没有生存足够长的时间，因此没来得及创造实际的收益。早早地被法律纠纷拖累的公司，并没有时间去开发或是去执行一个成功的商业模式。然而，一个家境贫寒的大学生，却推动了一个新世界的到来——在那里，一切事物都可以“数字化”。范宁没有接受过商业教育，他只有有限的计算机专业背景，以及微不足道的管理能力，但这些都不再是将一个存在已久的行业搅得天翻地覆的必备技能。新技术已经追上了旧商业模式，为创新的企业家改造、重建和变革行为又一次铺平了道路。

* * *

众所周知，创业家们是挑战极限的力量，但他们往往并不知道该在哪里收手。在大多数情况下，道德行为都能起到主导作用；虽然有的时候，这个作用会被贪婪和诱惑所取代。迈克尔·米尔肯最终用他在垃圾债券和高端金融领域的创新，从证券的买卖双方中“偷窃”；而肖恩·范宁的新公司，则利用最新的通信和软件技术，从艺术家们、音乐出版公司和音乐零售商们那里窃取财富。在这两个案例中，创业家们永远地改变了他们所在的行业。然而，在他们前进的过程中，他们不慎越界，使得他们的公司破产。他们作为呼风唤雨者留下的“遗产”，也将被打上“骗子”的烙印。

TRANSFORMATIVE
ENTREPRENEURS

第8章
保持进取心

总是在它已不再是机会的时候，我才发现那是一次机会。

——马克·吐温

早在1876年，因在美国提供广泛的电报网络而成为世界领先公司的西联公司（Western Union），曾有机会购买亚历山大·格雷厄姆·贝尔的关键专利——“会说话的电报”。然而，由于大企业的傲慢，不敢面对现实的工程学偏见，以及未能看清将会发生的一切，这家当时占主导地位的“通信”公司对这个机会所做的评估，以及在一份内部备忘录中给出的结论是：“这部‘电话’的缺点太多，无法作为一种通信手段加以认真考虑。这部设备对我们来说，本质上是没有价值的。”最初，西联公司将电话看作一个玩具，而并非下一个潜在的通信浪潮，因为它太过忙于享受其在全美电报业务中近乎垄断的既有地位。第二年，该公司终于承认了它的错误，并不得不付出高昂的代价回到游戏中来，试图以大价钱购买由托马斯·爱迪生开发的电话接入技术。

美国无线电公司（RCA）的惊人增长和成果背后的驱动力和创

业活力，来自一位名叫大卫·萨尔诺夫的人。他于1915年写了一份备忘录给公司副总裁，当时他还在其前公司——马可尼无线电报公司任职。当时还是通过无线电进行点对点通信的时代，例如船舶通过无线电与岸方联系。而萨尔诺夫有着深远的眼光，他看到了充分利用现有无线技术的潜力，让它为娱乐和信息传播目的服务。他向他的公司提议，生产一种销售给家庭的“无线电音乐盒”，可以接收电台传过来的音乐节目、棒球比分、讲座、新闻故事等。这就是大众媒体和娱乐的开始。掀起“无线电时代”的大卫·萨尔诺夫，在这里表现出了极大的市场预见性和能力。令人惊讶的是，到了1939年，还是这位大卫·萨尔诺夫——现在他已经是一位传媒大亨——在纽约世界博览会上，将电视介绍给了公众。他深信，这种新设备将会改变世界。他宣称：“现在，我们为声音添加了图像。我惶恐地站在这里，来宣布一项必将影响整个社会的、重要的新技术的诞生。”第二天，《纽约时报》写道：“电视存在一个问题，人们看电视的时候必须坐下，并让他们的眼睛紧盯着屏幕，而普通的美国家庭并没有这种时间上的方便。出于这个原因，电视永远不会成为广播的一个强有力的竞争对手。”《纽约时报》的判断并不正确，但RCA公司这位有创业精神的领袖却说对了。

大卫·萨尔诺夫和RCA公司一马当先，把电视推向了世界。然而，像这样的传统公司，去开发新的商业模式，引入真正的变革型产品线，这样的例子实在太少太少了。也许是因为它们太沉湎于现状，难以去设想一个迥然不同的景观、现代技术的影响，或是市场条件的变化。抑或是因为它们处于现有业务的保护伞下，需要目前的现金流继续增长，员工们也期待着一份固定的工资，甚至还想要一份不错的奖金，而过于“出圈”的行为也许会危及到这一切——尽管它们清楚地知道，只有“出圈”才能获得更好的收益。大多数大公司从来没有弄清楚过：如何拓展到它们的传统组织以外去工作；如何以一种不同的方式来看待它们的客户；或是表现出愿意承担任何有意义风险的态度。它们通常是不会这样做的。

虽然当下世界各地的大公司都在渴求创新，但它们大多并不拥有相应的文化、领导力或长期的活力，以使它们的企业出现彻底的变化。相反，它们专注于当前环境下的竞争，以及产生短期盈利的能力。它们的理念中并没有“不断推陈出新”“赌上全部身家”“承担创业失败的风险”这样的字眼。它们当中只有少数的公司有信心冒着犯错误的风险，去追求更独特的、更美好的事物。时至今日，作为一个拥有根深蒂固文化的大公司，苹果公司给我们提供了最好的范例——它不断地展现出创新精神，这很有可能是因为，它的那位创始人/创业家是一位有勇气从一张白纸起家，去追求一个远景目标的人。史蒂夫·乔布斯亲身经历了创立一个有创新精神的公司的过程。苹果公司在一个节奏如此之快、充满活力的行业中经营，你可以很容易地想象，一家公司如果落在技术曲线的背后，会有多么痛苦——这就像一台每年都在加速的跑步机一样。

创新的遗产

现代的商业神话，经常会引用20世纪70年代和80年代的施乐公司未能抓住个人电脑市场的机会，并把它当作“一家大公司是如何失去了一个好机会”的经典例子。史蒂夫·乔布斯有句名言：“他们只是在计算机行业最伟大的胜利中抓住了失败。施乐原本能够在今天拥有整个计算机行业的。”也许他说的并不对。创新的根本，是将技术商业化，而不是发明技术本身。施乐通过前者证明了自己是一家伟大的公司，但它却缺乏与后者相关的能力。然而，让施乐的故事如此引人注目的是，该公司是有史以来，通过提供创造性应用技术和执行创新商业模式实现成功的最伟大案例之一。它创造了历史上最具统治力和盈利能力的业务之一：普通纸张的复印业务。

于1930年修读完加州理工学院的物理学学位后，切斯特·卡尔森在贝尔实验室接受训练成为了一名工程师，之后他加入了一家小型电子公司。卡尔森指出：“在我负责专利工作的过程中，我经常会需要专利说明书和图纸的很多份副本，但当时却没有真正方便的方法来得到它们。”副本只能通过外部供应商的复印设备，以巨大的经济代价才能获得。所以卡尔森决定，发明一台他自己的办公室复印机。在1938年，他开发出了一台复印机的早期原型。之后，卡尔森的技术取得了迅速进展，并且在1939年4月4日，他为这一新发明申请了专利，他把它称为“电子照相术”。在未来的五年中，卡尔森一直致力于改进他的发明，寻求美国知名科技公司包括IBM公司、RCA公司以及通用电气公司的支持，但它们并没有对此表现出兴趣。1944年，卡尔森通过不懈的努力，终于从巴特勒纪念研究所（Battelle Memorial Institute）——一家位于美国俄亥俄州哥伦布市的私立研究机构，筹集到了3000美元，代价是不得不放弃他的技术在未来所产生的75%的使用费。卡尔森搬到哥伦布市去追求自己的梦想，但他的妻子却以为他疯了，跟他离了婚。

1945年，一家位于纽约州罗切斯特市（这是伊斯曼·柯达的故乡）的小型相纸和耗材分销商——哈罗依德公司，听说了卡尔森这项尚在襁褓中的技术，便同意资助他在巴特勒研究所的研究项目，以换取产品的制造权。在四年的紧张研究工作之后，哈罗依德公司将第一台普通纸张复印机推向了市场，但事实证明这台机器又大又重，而且它还需要一名专职的高技能操作人员才能复印出副本。该产品只取得了有限的成功。哈罗依德公司的首席执行官乔·威尔逊显示了巨大的毅力，但是，连续十余年对开发工作的资助，试图创造一台可以很容易地使用普通纸进行复印的机器，几乎令哈罗依德公司陷入破产的境地。威尔逊认为，他需要一个合资伙伴，来推销他们这一令人兴奋的新产品。他去接触了IBM公司。IBM公司聘请了理特管理咨询公司来对这个机会进行评估，然而他们的结论却是：复印机市场总量只有大约5000台。与IBM公司擦肩而过之后，哈罗依德公司继续独自前进。

除了那项令人印象深刻的、令普通纸复印成为可能的技术飞跃之外，威尔逊还设计了创新的商业模式，以减轻对于大公司来说潜在的购买障碍；同时，他还为那些未来潜在的竞争者们设置了进入障碍。哈罗依德公司决定，暂不出售它的复印机，而是将这种新的办公设备出租给大公司。这使得前期的成本是可控的，也降低了公司高级管理层的批准难度。哈罗依德公司使用了“每份副本”的盈利模式，用户每复印一份副本，公司都能够得到报酬。为了支持这种模式，哈罗依德公司建立一个全国性的服务和销售队伍，帮助客户最大限度地利用他们这一新的生产率促进工具，同时保证公司能够不断出售自己专门设计的、能够产生高利润的纸张和碳粉。

复印机是比较容易上手使用的，但要证明这个最鲜明的特点，需要销售人员们将沉重的设备运输到潜在客户的办公地点去。哈罗依德公司利用了当时相对较新的技术——电视，来向客户们传递“用普通纸进行复印是多么简单”这一信息，并取得了巨大的成功。到1965年，已更名为施乐公司的哈罗依德公司，其年收入已经达到了惊人的5亿美元，同时还拥有难以置信的扩张空间。凭借强大的专利地位和垄断般的利润率，施乐公司成为了主宰全球办公室复印机行业的翘楚。1960年在该公司1万美元的股权投资，在12年后市值超过了100万美元。

除了复印机以外，20世纪60年代末，标准办公自动化概念还包括旋转式电话机、加法机、打字机、传真机和录音机。随着施乐公司的成长，它成为了公司办公室中一个强大的存在。公司将注意力转向了同样激动人心的新兴机遇：数据处理。由于IBM的电脑业务太大，难以“下咽”，所以施乐四处寻找其他当时规模较小但增长较快的计算机公司，包括宝来公司、霍尼韦尔公司、斯佩里公司和控制数据公司。但由于没有卖家，施乐公司的管理层几乎变得绝望了。最终，他们发现了一个自愿出售的卖方——总部设在南加州的科学数据系统公司。它的销售额大约是1亿美元，利润只有区区的1000万美元，但施乐公司被连蒙带骗地为收购该公司支付了高达9.2亿美元。更糟的是，科学数据系统公司的计算机并非为施乐公司计划重点服务的办公自动化市场而设计，它们的优势在科学计算领域。正当施乐公司在寻求进入电脑业务时，柯达和IBM公司以及一些日本和德国的公司，都盯上了办公室复印机业务——这一点儿也不令人奇怪。它们意识到，施乐公司的一些基本专利将逐渐到期，从而会为它们创造了一个出口。

施乐公司的管理层们，对于未来的办公自动化趋势，以及为支持公司在其中的地位所需的健康的现金流，持有更加长远的眼光。追随着托马斯·爱迪生在新泽西州门洛帕克市开设的著名研究中心的脚步，并将自身置于IBM、通用电气、RCA、西门子和美国电话电报公司平起平坐的精英公司层面，施乐公司决定建立自己的科研实验室，让自己能够保持在科技浪潮的尖端。这是与发明和创新的传统相一致的举措。施乐的目标是，通过成为数字技术的领导者，同时继续推进模拟成像技术，去开创"未来办公室"，设计"信息架构"，并将公司定位于为即将到来的"无纸社会"服务。这是一个大胆的使命。

1970年，施乐公司在斯坦福大学附近开设了帕洛阿尔托研究中心（也叫施乐PARC公司）——这远离其设在纽约州罗切斯特市的公司总部——并招募来了众多国内顶级的计算机科学家。起初帕洛阿尔托研究中心并没有设定总体规划或发展计划；其唯一的准则是，研究人员所追求的领域，与施乐公司信息管理的长期使命在方向上应当保持一致。

领先于时代

在当时，大公司们都将自己的数据处理设备"供"在空调房里，玻璃墙后面满是训练有素的技术人员，通过打孔卡和磁带输入数据，由电传打字机提供数据输出。而帕洛阿尔托研究中心的研究人员，则在从事一项颠覆性概念的计划。研究中心的计算机科学家们预见到，不断进步的半导体技术和软件编程技术，将显著降低计算成本，他们渴望来引领这个趋势。他们想象中的是一种完全不同的计算架构。在这个架构中，数据处理能力和计算智能并没有被放置在一个体积庞大的、昂贵的、集中式的机器中，而是可以分布放置于每个员工的桌面上。为了更好地提供互动性，从现有计算机系统繁复的批处理和过慢的响应时间中摆脱出来，帕洛阿尔托研究中心需要更快速和更优越的连通性。他们的理想很简单：每台个人电脑，通过共享的外围设备——包括打印机——连接到其他电脑上。当时的一个主要缺点是，用来支持单个用户的电脑内存成本接近一万美元。虽然帕洛阿尔托研究中心的研究人员预计，内存芯片和其他电子产品的成本，将会随着时间的推移显著下降（十年后，相同内存容量的成本将会降到区区的30美元）。

1971年，帕洛阿尔托研究中心的科学家们，开始从事激光打印机和Smalltalk的研发工作——后者是第一种面向对象的编程语言。两年后，他们已经可以在阴极射线管显示器（CRT）上显示“芝麻街”卡通片中“饼干怪兽”的人物形象，并开发出了以太网的基础——一根可以通过使用一个本地局域网络来将每台机器连接起来并进行直接沟通的同轴电缆。到了1974年，该系统已经可以显示位图图形，可以允许弹出式菜单、屏幕重叠窗口，能够使用鼠标进行点击编辑，以及第一个用户友好的文字处理系统。而令人印象最深刻的则是图形用户界面，它通过一个鼠标来控制，让用户可以不必键入深奥的代码和指令。

帕洛阿尔托研究中心将他们的电脑命名为“奥托”。奥托电脑是由顶尖计算机科学家们设计的，并为顶尖的计算机科学家们使用，以使得他们能够更快速地开发出那些更加令人印象深刻的计算机技术。本来，帕洛阿尔托研究中心计划为计算机科学实验室的工程师们生产30台奥托计算机。然而，研究中心的每个人似乎都想要上一台。最终，他们生产了大约1500台奥托电脑供内部使用，并向一些大学捐赠了几台。考虑到当时的技术水平，它可以称得上是一台技术强大的机器：128千字节内存，一块2.5兆字节可拆卸硬盘，以及一台黑白色的CRT显示器。除了硬件配置方面的创新，奥托电脑以“所见即所得”模式作为新的突破。这项技术有史以来第一次使得将屏幕上的图像——无论电子邮件、文字处理软件，还是画笔系统软件——用电脑打印机一模一样地打印出来成为可能。每台奥托电脑的价格大约是1.6万美元，而当时的“微机”（小型计算机）的价格大约是10万美元；至于IBM公司出售的全配置大型电子计算机系统，价格更是高达数百万美元。

1975年1月面向电脑爱好者发行的杂志——《大众电子产品》，重点宣传了牛郎星8800型电脑——一款主要面向个人的电脑。之后，这款电脑立即俘获了不少早期计算机科学家和年轻电子迷的想象力，其中就包括比尔·盖茨和史蒂夫·乔布斯。对于世界上的大多数人来说，电脑的威力首次可以被个人加以利用——虽然是以一种很原始的方式。售价为397美元的牛郎星8800型电脑被标榜为第一款家用电脑，但它的确是为“真正的业余爱好者”准备的设备：它没有软件，没有键盘，甚至没有显示器。这款电脑最终卖出了数千台。然而，距离牛郎星8800型电脑问世之前很久，施乐公司帕洛阿尔托研究中心就已经开发出了更加强大、功能更全、创新性软硬件设计的电脑，它不但能够支持个人使用，还可以用于共享通信。

天堂里的麻烦

凭借着普通纸复印机的走俏，施乐公司发现并创造了一个之前并不存在的市场。它彻底颠覆了原来的办公室，并开发出了真正创新的商业模式。这正是施乐公司留给后人的东西。但是，当十几年后遇到类似的机遇——第一台商业化个人电脑，施乐公司却完全失去了它的魔力。施乐这家骨子里带着卓越创新精神的公司，却无法将公司的宏图在个人电脑市场上充分展示。虽然帕洛阿尔托研究中心的科学家们正在开创办公自动化的未来，虽然在纽约州罗切斯特市办公的施乐公司高管们正在努力保护他们的生计；但他们在多个领域遭到了冲击。在消费电子产品和汽车领域中逐渐稳步上升的日本低成本制造，在20世纪70年代中期也开始出现在普通纸复印领域，这股潮流由萨文和理光公司引领。美国电脑巨头IBM和施乐公司的跨城竞争对手——柯达公司带来的激烈竞争，已经撼动了施乐公司管理层已经习惯的近乎垄断的地位。此外，之前施乐公司为进军电脑界而收购的科学数据系统公司，被证明是一场彻底的失败。科学数据系统公司的运营带来了超过一亿美元的亏损，它的产品无法与数码设备公司最新的小型机竞争，最终于1975年被关停。

除了市场新进入者们带来的前所未有的竞争之外，施乐公司管理层还需要在与美国政府之间的法律纠纷中分神。联邦贸易委员会针对该公司的反垄断案，最终在1975年达成和解，和解要求该公司分享它持有的一些重要的知识产权，要求修改它的产品定价，并要求其允许客户从其他供应商购买墨粉。加之全球经济衰退和油价急剧增加带来的通货膨胀这些额外的不利因素，令施乐公司股价在20世纪70年代末下跌了近75%。

即使是在这种不利的背景下，施乐公司的管理层们也还在考虑将帕洛阿尔托研究中心科学家已经开发的一些技术进行商业化；他们在1976年为这一目标成立了一个新的部门。第二年，在佛罗里达州的一个为期两天的会议上，帕洛阿尔托研究中心的科学家们，有机会给从世界各地前来的公司高管们展示自己开发的新技术。但研究中心这些头发蓬乱的聪明大脑们，却与公司这些西装笔挺的高管们产生了冲突。尽管奥托电脑、以太网和激光打印机给高管们留下了深刻印象，但之前经历的科学数据系统公司收购梦魇，使他们很难去考虑进入电脑业务。此外，由于公司过于专注于保障从复印业务中产生的巨大现金流，施乐公司已经无力为广大民众生产销售计算机了。作为施乐复印机的订单接受者，在一个不断增长的庞大“官僚机构”中待了太长时间的公司领导们，已经失去了开创商业模式和分配资源，并将一种全新的技术推向市场的欲望和技能。

1979年4月，施乐公司在罗切斯特市的高管层承认，他们缺乏必要的资金，去将帕洛阿尔托研究中心的技术推向市场，所以他们将其注意力转向硅谷最热门的公司——在牛郎星8800型电脑推出以后，由史蒂夫·乔布斯和史蒂夫·沃兹尼亚克在1976年创立的苹果电脑公司。苹果一代微机是一款印刷电路板电脑，它比牛郎星8800型电脑更加强大，但它仍然需要装配和连接用于输入和输出的设备。不过，在一年之后，该公司推出了苹果二代电脑，它第一次使得消费者们可以以实惠的价格，拥有一台完整的、全功能的个人电脑——包括了键盘、显示器和可用的应用软件。施乐公司的高管们会见了史蒂夫·乔布斯，商讨投资于他的公司的事宜。在听说施乐公司开发出了一些出色的电脑技术之后，乔布斯同意在得到参观帕洛阿尔托研究中心的机会之后，接受前者的投资。1979年12月，乔布斯和苹果公司几名员工听取了关于奥拓电脑性能范围的完整演示。乔布斯对此大为震撼："他们给我看了三样东西，但我已经被第一样东西'闪瞎'了眼睛，因此几乎没真正看到后面的两样。他们向我展示的一样东西，是面向对象的编程；他们的确向我展示了它，但我甚至都没有去看它。他们向我展示的另外一样东西，是一个联网的计算机系统，它将一百多台奥托计算机联接起来，使用电子邮件等功能——但我甚至都没有去看它。我被第一样东西'闪瞎'得太厉害了——那是图形用户界面。我认为，这是我一生中见过的最好的东西。"

施乐公司用100万美元的投资，买下了苹果电脑公司2%的股份。这笔投资在1980年12月苹果公司上市之后，产生了可观的利润。但是，史蒂夫·乔布斯证明了，他才是真正的大赢家。在目睹了帕洛阿尔托研究中心指明的未来方向之后，他灵活地引导他的苹果公司团队，模仿奥托电脑的功能和架构，开发出麦金托什（Macintosh）电脑，并在未来的几十年中，令个人电脑产生了革命性的变化。反观施乐公司的奥托电脑，只卖掉了3万台就被迫退市了。施乐公司的销售团队，对于销售一台有些文字处理功能的打字机似乎更有兴趣。

如果它想成为个人电脑领域的领导者，施乐公司需要将其销售策略、制造业务、分销渠道和心态进行完全的重整。将其历史上租赁复印机的商业模式用于个人电脑业务，无疑将是一个非常蹩脚的模板。此外，它还需要和其他公司合作，编写出能够促进个人电脑销售的应用软件——而施乐公司在这方面，并没有显著的经验。对于施乐公司来说，将商业化个人电脑推向市场的潜在成功路线，应当是去运行一个独立的业务部门，这个部门应与其摇钱树般的复印业务有迥然的区别——这差不多就像它旗下的一家创业公司，拥有单独激励的独立管理团队。当然，施乐公司想要成功的话，其初创阶段在乔·威尔逊时代的那种创业领导力，也是必不可少的。

而施乐公司的帕洛阿尔托研究中心，却并非完全的失败者。在之后的30年中，它开发的激光打印机和其他技术，成为施乐公司复印和打印业务的主要引擎。这也提醒我们，大公司可以为长期获得巨大的利益而投资于研究工作。

* * *

对于大多数人来说，很难去想象一个与他们的日常世界迥然不同的世界。我们不应该去指望很多大公司会采取不同的行动。对于一些公司来说，非自主发明综合症和分层决策方式，给创新的过程带来了严重的障碍。而对于其他公司来说，它们的管理层激励制度，以及股东主导的短期偏见，通常会偏重于奖励短期业绩，这会大大降低管理层开创新业务，或对现有业务采取新业务模式的吸引力。有时候，公司的现任管理层——就像施乐公司的管理层那样——往往会过度关注于当下的挑战，而不会去投入必要的资源，来培育不符合他们世界观的事业。虽然那些有个人领袖魅力的首席执行官们，经常会为他们企业的未来计划描绘出令人印象深刻的路线图，但他们的组织却不会去选择承受实施完全不同的战略之后所必然带来的巨大风险。大型企业迈出“婴儿步伐”时更为自如，但它们不敢迈出大胆的跃进式步伐。相对于那些初创企业，这些举足轻重的企业，在应对新市场、开发新产品、引领创新方面拥有许多显著的优势——尤其是因为这些组织往往拥有丰富的相关经验，更容易获得资金，而且拥有较为丰厚的研发预算、分销渠道、客户关系、市场信誉和经验老道的管理人才。但是，除了极少数特例之外，它们缺乏变革成功的基本要素：创业领导力，以及思想活跃的人士——他们在抛开陈腐的模板、路线图或安全网的情况下，会工作得更加惬意洒脱。

TRANSFORMATIVE
ENTREPRENEURS

第9章 创新的典范

好的艺术家善于借鉴，然而伟大的艺术家则善于“偷窃”。

——毕加索

2005年，史蒂夫·乔布斯，一个大学辍学生，却在斯坦福大学毕业典礼上发表了演讲。他说：“你得找到你爱的工作。工作会占据你生命的绝大部分，而使自己真正满足的唯一途径，就是去做你认为伟大的事情，并且爱你所做的事情。”乔布斯的这个建议是很难被反驳的，而且它显得如此强大，因为它的来源也许是过去一百年中最有影响力的、最有创新精神的、最始终如一的一位商人。

1986年，当乔布斯个人支付1000万美元，从乔治·卢卡斯的卢卡斯电影公司手里买下了皮克斯公司时，这家创业公司还是一个缺乏盈利能力的部门，它严重拖累了卢卡斯的利润丰厚的电影制作业务。乔布斯在皮克斯公司身上看到了高端计算机工作站的影子，它拥有服务于科学和图形密集型应用程序的极具针对性的专有软件技术。在未来的十年期间，乔布斯剥离了皮克斯公司的硬件部门，为了梦想倾注了他日益缩水的个人财富，试图去驾驭世界上不断增加的计算能力和复杂的软件算法，以创建下一代的动画电影。在此期间，皮克斯在电脑动画技术领域中取得了实质性的飞跃，通过制作主要投放于电视媒体的广告，也产生了少量的收入。1995年，随着动画影片《玩具总动员》——这部电影完全由电脑制作，其故事线完全由公司内部开发——的上映，皮克斯公司终于取得了巨大的突破。

《玩具总动员》的全球票房超过3.6亿美元，使它成为当年最卖座的电影，人们都看好乔布斯和皮克斯公司团队，能够在日后继承沃特·迪斯尼的衣钵，成为一个强大的、全新的、领先的技术娱乐媒体开发商。皮克斯公司随后出品的电影版本，更是对乔布斯的远见的证明，以及对他不屈不挠毅力的奖励。2006年，迪士尼公司支付了74亿美元，收购了该公司的影片库、销售渠道、动画技术和创意团队的控制权。在这个过程中，史蒂夫·乔布斯成为迪士尼公司最大的个人股东。史蒂夫·乔布斯和沃特·迪斯尼，这两位最具创新性的企业家在过去的世纪中，会有这种紧密的联系，看上去还是合情合理的。史蒂夫·乔布斯的创业能力和独特的技能，与沃特·迪斯尼最为相似。他罕见地将伟大的愿景、追求卓越、注重细节、时刻准备冒险、个人魅力、新技术的应用结合起来，建立了行业领导地位和竞争优势，他强大的品牌建设能力让人想起了巅峰时期的沃特·迪斯尼。我们不应当夸大这种联系，但二人之间的相似之处，不是用巧合二字能够概括的。

皮克斯公司是史蒂夫·乔布斯的第二次创业努力。他有能力承担起这项投资，完全是因为他第一次创业的成功。两个年轻人开创苹果电脑公司的精彩故事，人们一直都有详细的记载。两位“史蒂夫”——乔布斯和沃兹尼亚克，在1976年的愚人节，在乔布斯位于硅谷的车库中推出苹果一代产品的传奇故事，正是变革型产品创新这一强有力概念的最佳体现。到了1977年，早期苹果电脑机型——尤其是史蒂夫·沃兹尼亚克设计的苹果II型电脑，凭借其八位微处理器、键盘、磁盘驱动器、操作系统和彩色图形处理能力，成了硬件工程中的一项奇迹，赶上了第一波“实用的软件应用程序＋负担得起的电脑外设”的浪潮。苹果电脑公司得到了美国西海岸老资格的风险投资公司的帮助，在以迈克·马库拉——一位年纪尚轻但刚刚从英特尔公司退休的营销经理——为首的有经验的硅谷高管团队的指引下，给个人电脑行业带来的催化剂般的作用，就像二十年前，肯·奥尔森的数字设备公司在小型机行业中的作用一样。虽然在最初，个人电脑技术的应用是有限的，但随着可视公司（VisiCorp）1979年推出的第一代计算机电子数据表格的问世，个人计算机可以应用于业务工作中，这大大地推动了对于这种新设备的需求。苹果电脑因为其时尚的外观设计，以及相当出众的计算能力，成为了需求激增的主要受益者。然而，在1981年，当IBM这个“蓝色巨人”

自信满满地推出第一台个人电脑时，苹果公司终于意识到它面前多了一个新的、强大的竞争对手——它不习惯于在追求全球市场份额霸主的过程中捕捉任何“猎物”。

全球最大的计算机系统公司，拥有成千上万身着白衬衫、训练有素的专业销售人员，将个人电脑在商业社会中“合法化”了。它不再是电脑爱好者们尝鲜的对象或玩具。IBM公司已经从一个刚刚成立于西雅图的公司——微软公司那里，为它的个人电脑得到了操作系统授权。微软公司还向其他的个人电脑制造商出售了相同的操作系统。很快，IBM公司和它的“克隆”公司们，夺取了越来越大的市场份额，第三方应用软件开发商们开始集中注意力分食“蛋糕”的最大部分。尽管优雅的硬件设计和品牌，对于个人电脑早期的买家来说确实意味着一些东西；然而，他们的购买决策，主要是基于用低成本机器来运行应用软件，做好自己的工作或从事娱乐活动。在这里，IBM公司和微软公司执行了一项优于苹果公司的战略。为了重新获得先机，史蒂夫·乔布斯着手在个人电脑领域创造第二个伟大的商业化产品创新。

短暂的卓越

1984年，苹果公司推出了Macintosh电脑，这是第一款经济实惠的个人电脑。带有图形用户界面的Macintosh电脑，永远地改变了人类与计算机互动的方式。虽然Macintosh电脑的许多结构和功能，早在20世纪70年代就已经由施乐公司的帕洛阿尔托研究中心开发出来，但乔布斯和他的苹果公司团队再次证明了，战利品会流向那些将技术商业化的人，而不是发明它们的人。虽然在苹果公司创造了“办公桌面出版市场”之前，Macintosh电脑都算不上是一个财务上的成功，但当IBM 个人电脑和它的“克隆”公司们夺取了个人电脑市场绝大多数份额的时候，它确实曾经起到了苹果公司主要生存基石的作用。

当1985年史蒂夫·乔布斯因为与公司其他人——尤其是首席执行官约翰·斯卡利——相处不够融洽而被苹果公司解雇之后，他又开发出了NeXT电脑，以追求电脑市场中一个更加高端的小众分类市场，并继续发挥他在管理方面的优势——对细节的关注，一种使产品性能变得更加卓越的渴望，围绕一项工业设计建立起的强烈美感，坚定的决心，对胜利的渴望，对合作者和员工的殷切期望，以及领导魅力。尽管有H.罗斯·佩罗和佳能公司的大笔资本注入，NeXT电脑也并未取得传统意义上的商业成功，但它确实创造了一种先进的操作系统，这为乔布斯于1997年卖掉他的新公司而重回苹果公司奠定了基础。

当乔布斯重掌苹果公司时，该公司已经成了一个亏钱的烂摊子，并陷入下降通道。微软公司花了多年时间打造出一款颇有竞争力的操作系统，借此与苹果竞争。当微软公司最终推出视窗95系统时，它的势头终于压过了苹果公司。苹果公司董事会不顾一切地想召集他们的创始人回归公司，因为当时无论是从产品、利润还是文化的角度上，公司都已经彻底迷失了方向。通过积极削减成本，调整战略，精简产品组合，推出新的电脑产品，筹集资金和建立外部关系这一连串“组合拳”，在几年之内，乔布斯就将苹果公司彻底变了个样，并为它的下一次伟大飞跃打好了基础。和以前一样，乔布斯那先天具备的设计感觉，在个人电脑集成软件包融入高性能的过程中发挥了重要作用，令人大呼“真酷”。在这个以单调和方头方脑为特点的产品类别中，苹果公司对创意设计的重视，简直可以与诺尔的办公家具、Bang & Olafson的娱乐设备、杜卡迪的摩托车，以及耐克鞋相媲美。

在担任一家电脑公司负责人的过程中，史蒂夫·乔布斯学到的许多事情之一，就是拥有一个平台级产品或服务所具有的力量。微软几乎无处不在的视窗操作系统，通过创造超级市场地位，已经让它的数千名员工成了百万富翁；而苹果公司则一直在努力与这个更加强大的竞争对手抗衡。作为一位始终保持严格控制客户的整个产品体验的信徒，乔布斯坚持认为，苹果公司应当实现紧密整合的产品开发和设计战略。于是，苹果公司将其硬件和软件（以及许多外设）捆绑在一起。但是，如果一家公司拥有的唯一妙处只是其伟大的产品——特别是在这个节奏飞快的技术领域，那么它仍然很容易受到竞争对手不断地跨越式超越。IBM和其他公司的经验都证明，在客户们考虑购买其个人电脑的决策过程中，产品本身只是其中的一部分而已。他们还重视产品支持、应用软件的实用程度、网络集成以及低成本这些要素。鉴于这个行业快速的技术变革所带来的"成本降低+功能改进"，电脑行业的参与者们经常面临利润空间遭到侵蚀的情况。

从2001年开始，乔布斯通过精心改造苹果公司，将他的公司推向了新的高度。苹果公司从一家个人电脑公司，一跃而成为全球领先的消费电子公司。一开始，苹果公司是在模仿索尼公司——乔布斯早年曾经推崇该公司——但最终超越了它。与往常一样，乔布斯是通过设计伟大的产品作为契机，但这次的商业模式却有所不同，而且是完全不同的。乔布斯并没有将苹果公司放在不断提高计算能力和软件友好程度的典型技术公司的"跑步机"上，而是变换了战略，利用开发整合系统的优越性来获利，这更像是西南航空公司和宜家公司所实施的整体业务模式。苹果公司创造了一套很棒的主打产品，不断地重塑全球消费娱乐和信息体验，同时还从那些更加成熟的、搭载更多互联网功能和无线功能的消费电子产品市场的对手手中抢占了份额，以抗衡其他公司的技术发展。

你说过要来一场革命

2001年，苹果公司开始对自身进行重塑。它推出了当下现在无处不在的iPod，并彻底改变了音乐发行业。它独创的产品，是一款以硬盘驱动器为基础的音乐播放器。这款产品具有时尚的设计、直观的用户界面、独特的白色耳塞，能够装下超过1000首歌曲，零售价将近400美元。最早开创MP3音乐播放器市场的是其他公司，但苹果公司却将这一技术和产品的概念推到了一个新的层面。两年后，继史蒂夫·乔布斯与音乐行业高管们持续了18个月的就数字音乐版权的密集谈判，苹果公司推出了iTunes音乐商店，进一步巩固了自己的市场地位。这一举措允许用户以0.99美元每首歌曲的代价来下载音乐，从而给公司带来了合法的收入分成模式。因为纳普斯特公司带来的"新生活方式"，原有音乐产业的商业模式已经注定要长期萎缩。乔布斯与音乐发行业——这个行业内的公司因"从来不会同意任何事情"而著名——一起实施了创造性的安排。苹果公司iTunes背后的主要技术，是数字版权管理的专有系统，所有的歌曲都被加密，因此它们只能在iPod播放器上播放，有效防范了对等文件共享的方式。标准的MP3文件不能够在iPod上播放，它需要专门转换到苹果公司的压缩格式上。此外， iTunes还提供了一个友好的用户界面以及一个数据库，用于存储和整理音乐和创建播放列表。一款卓越的硬件（iPod）加上一款卓越的软件（iTunes ），加之能够以相对低廉的价格轻松而合法地下载歌曲，使苹果公司成为了一个巨大的赢家。最初，iTunes和音乐商店都只能通过苹果电脑进行操作；但在2003年，在一个看似不寻常但充满灵活性的战略举措中，苹果公司向基于视窗2000系统的计算机开放，来吸引这部分规模大得多的市场。一瞬间，iTunes和iPod的市场呈爆炸式增长，这使得苹果公司可以控制一个高利润的业务平台。到了2006年，iTunes客户已经从不断扩大的音乐目录上下载了10亿首歌曲。到了2010年年初，这个数字达到了100亿。苹果公司继续毫不避讳地扩张，它开始使用iTunes音乐商店作为基础，传播其他数字娱乐内容——包括电视节目、视频、电影和广播。没过多久，iPod已经成为了事实上的标准MP3播放器，深陷于iTunes和音乐商店的客户所面临的转换成本非常高。他们被“锁”在了苹果公司创造的一个完整的产品和服务体系中，对于竞争对手来说，产品具有非常高的进入壁垒；对于客户们来说，却有很高的退出壁垒，从而使公司的盈利能力变得异常强大。乔布斯已经将传统的“剃刀架+刀片模式”发挥得淋漓尽致。苹果公司并不是通过以低廉的价格出售剃须刀来吸引回头客购买高利润的专有刀片，而是通过免费送出的软件（iTunes）来吸引人们购买高利润的iPod。而且，它开始从一家计算机公司过渡到一个消费电子公司。这导致其随后改名为“苹果公司”而扔掉了“电脑”二字。

注重设计和细节的特点，同样显著地体现在苹果公司成功地进入零售业、开设新的苹果产品门店当中。门店保持了简约的感觉，但比起其他的电脑零售商或消费电子产品连锁店，却能更加准确地捕获目标市场。其他的个人电脑零售商，如捷威公司（Gateway，2007年被宏碁公司收购）其实早已经推出了零售商店，但它们并没有获得成功，到头来赤字累累而倒闭，因此许多业内权威人士预测，苹果公司的门店也会遭受相同的结果。然而，苹果公司引入了创新的“天才吧”——这是门店中的现场帮助台，它能够吸引顾客进店，也给了他们把玩新产品以及与其他苹果粉丝们一同交流的机会。就像苹果公司的大多数事情那样，乔布斯是提出并实施这一零售概念的主要创造者，他确保苹果商店的每一个方面都达到自己高标准的质量和风格。乔布斯还专门为零售部门挖掘人才，特别值得一提的是罗恩·约翰逊，他于2000年离开了塔吉特公司，来领导苹果公司的零售部门。时至今日，有超过300家苹果商店遍布全球各地，而且这一数量还在不断增长，有力地推动了苹果公司及其产品的形象。只要公司不断推出卓越的新产品，商店就能够继续产生巨大的利润，同时令苹果的品牌魅力永葆青春。

苹果公司不断推出的突破性新产品，包括2007年的iPhone和2010年的iPad，提供了类似的整合和受到保护的产品和市场定位。优雅的设计和强大的功能，再一次成为支撑一条非常成功的产品线的基础，这完全符合公司的设计传统和苹果公司一直强调的“拥有平台”的理念。苹果公司并没有率先研发智能手机或平板电脑，但它却将这些发明，从产品和商业模式的角度带到了一个全新的水平。它新推出的应用商店（App Store）——这是一个第三方开发应用程序单独目录——包括了游戏、商务工具、旅游网站等，使客户能够轻松地下载到那些新近成立的初创公司提供的功能强大的软件。这增进了用户黏性，并为苹果公司带来了令人印象深刻的利润。iPhone和iPad在自己的领域中，都堪称是优秀的产品，并在现有的智能移动设备面前，展现出了明显的竞争优势。然而，应用商店之于iPhone和iPad所起的作用，正如iTunes之于iPod所起的作用一样。客户们一旦经过支付购买并下载了许多不同的应用程序到他们的iPhone和iPad上面之后，更换平台引起的退出壁垒就会陡然增高，这也为苹果公司提供了巨大的竞争优势。迄今为止，客户已经下载了高达150亿份应用程序。苹果公司的这些平台，以其近乎“性感”的执行力，给了其在竞争对手面前一个巨大的优势。苹果公司不仅再次显示出强大的产品创新能力，而且展示出了一个商业模式的巨大创新，这从长远来看能够对其起到保护作用，产生惊人水平的季度现金流。

如苹果公司这样，拥有专有的产品和系统，是一件很酷的事情；而这样的产品和系统，反过来又成为了一个神话般的成功秘诀。史蒂夫·乔布斯，这个多年来微软几乎垄断操作系统的受害者，从这个教训中学到了很多，并将他的公司打造成了一个消费电子巨头。这并不是一件值得奇怪的事情，因为随着苹果品牌的不断强化，对其消费产品的强劲需求，将会拉动其个人电脑和笔记本电脑的销售。

时至今日，尽管苹果公司的规模已经非常之大，但创新二字却仍然深深地印在它的基因当中。将苹果公司与许多其他大公司区分开来的因素，是其积极进取的内在品质，以及其创立者身上迸发出的激情，它们共同创造了一种文化，这种文化不惧风险，并且能够对创造力起到激励作用。苹果公司已经证明，企业不必从头开始创造每一个新的产品系列，但可以依托现有的尖端产品成功地将其商业化。从20世纪70年代中期创立伊始，苹果公司就已经利用了新技术和别人的创新产品，而其对于“客户需要什么”这件事的独特感觉，始终让它能够立于不败之地。当然，苹果公司也经历过许多新产品的失败，但与其全新的高品质产品和商业模式的巨大成功相比，这些只不过是付出的很小代价而已。

更重要的是，苹果公司承认，其产品是一个达到目的的手段，而绝非目的本身。其真正的长期利润增长点，是在一个更加广泛的、对客户起到整合作用的系统或平台之上提供的那些产品。比起完全专注于个人电脑生产，苹果公司目前这个立场显然更加容易防守。随着计算机和通信技术的不断完善和聚合，这些因素推动着苹果公司去对抗谷歌公司、亚马逊公司、动研公司（Research in motion，简称RIM）、微软公司、诺基亚公司、三星公司这样的大公司。此外，还有那些如雨后春笋般成立的由风险资本资助的创业公司。苹果需要去面对一整套专注于特定产品线和细分市场的竞争对手，它们都致力于在它的市场份额中分一杯羹。

从历史上可以看出，如果公司缺乏规模和管理张度来很好地捍卫自己的地盘，那么在多条战线同时展开竞争，总是会让它们精疲力竭，并且会稀释自身的资源。在20世纪60年代施乐公司的鼎盛时期，它依靠自己发起并主导的复印机技术，成为了最伟大的公司之一。但是，施乐公司发现，当它们的技术优势逐渐消退，当领导庞大的全球业务的需求破坏了公司的创业基因时，它已经很难停留在行业的巅峰。在未来，当苹果公司管理自己的全球化组织并扩大产品线时，它完全有可能会面临同样的挑战——尤其是因为它今天的业务单元同时向市场提供个人电脑、音乐播放器、智能手机，以及产品之间的形态因素。时间将会告诉我们，苹果公司能否承受住来自全球竞争者、技术进步和市场力量的密集考验。幸运的是，该公司的几个关键的成功要素已经到位——良好而强大的发展势头，以及一份非常健康的资产负债表。

领导者之巅峰

能够做到这些的企业家，是最最难得的：开创一家公司，领导它发展壮大，然后将战略和执行坚持多年。比尔·盖茨做到了这一点，西南航空公司的赫伯·凯莱赫也做到了这一点，联邦快递公司的弗雷德·史密斯和亚马逊公司的杰夫·贝佐斯现在还能做到这一点。然而，戴尔电脑公司的迈克尔·戴尔和星巴克公司的霍华德·舒尔茨在重登公司首席执行官宝座之后，却似乎已经失去了他们先前的魔力。打造企业所需的技能和气质，与初创企业时是完全不同的。通常情况下，创始人会把接力棒交给更有经验的管理人员，有时采取默许的方式，有时或许需要一个不太温柔的强推动作。从创新的角度来看，如果推动一家公司大步向前的还是初创时期的那位创始人，那么，比起那些将权力交给更加适合管理大型企业、管理员工、理顺与华尔街的投资者关系的高级管理人员的创业者们，他往往具有明显的优势。相反，亨利·福特把持了福特公司太长的时间，由于过于执着于他的T型车理念，于是被包括通用汽车公司的阿尔弗雷德·斯隆在内的其他竞争者，利用更加现代化、更好地契合当今时代的战略所超越。但是，一家企业的创始人所展现出来的激情、专注、防护和情感，往往是他人难以匹敌的。当别人害怕犯错误的时候，这些创业家们却深知承担风险和激流勇进的重要性，他们在骨子里深深地懂得，通过将赌注全部压在一个梦想并最终成功的那无与伦比的成就感。

在他的职业生涯中，乔布斯先是投身于个人电脑产业，然后于八年后重新定义了它；他将电影动画带到了一个全新的水平，彻底改变了音乐发行业，然后在智能手机和平板电脑领域，打造了一个独特的、创新的而且是有利可图的商业模式。他一直是一位驾驭他的组织来追求卓越的大师，冲在领导第一线，勇于负责，近乎苛刻，并愿意去试错。如果有一个企业创新的“名人堂”，毫无疑问，史蒂夫·乔布斯将是第一批进入这个名人堂的人士。

关于苹果公司的未来，这只“房间里的大象”，现在它的领袖已经溘然长逝了，其命运将会何去何从呢？苹果公司将以什么样的方式来替代史蒂夫·乔布斯？苹果公司如何保持其创新优势和文化，“以不同的方式来思考”呢？苹果公司将如何继续创造出“疯狂的伟大”，并提供支持其极高盈利水平商业模式的新产品？

一位离世的创始人和企业家，尤其是一位引领了创造性努力并定下公司文化基调的企业家，经常会为他的组织留下一个“大洞”。沃特·迪斯尼早已逝去，但迪士尼公司在他缺位的情况下花了很长的时间才重新立足；比尔·盖茨现在全职负责他的家族基金会，有很多人会说，随着他的离去，微软已经失去了竞争力。但有些公司，即使它们的创始人离开，它的领导方式也能够成功转型。然而，苹果公司似乎会有所不同，或许部分是因为，在20世纪90

年代当没有史蒂夫·乔布斯的引领时，它曾经整整十二年“游荡在沙漠之中”；抑或是因为乔布斯获得了教主地位——数以百万计的“果粉”崇拜乔布斯的一切。不久的将来，苹果公司在其固定的细分市场和产品线上，还将拥有很强的市场地位，它还将不断满足那些并不知道自己需求为何物的消费者们的需求；在此之后，苹果公司将不得不独立起来，不再受到创始人的直接影响，不在这位创业天才的庇护下继续经营。

TRANSFORMATIVE
ENTREPRENEURS

第10章
爱冒险的资本

企业家和金融家是相互
依存的推动创新前进的车轮。
——约瑟夫·熊彼特

大多数创业家们都要竭尽全力，才能得到赖以启动和发展企业的资金。这其中的道理非常简单：绝大多数新企业都会失败，并不会给那些提供资金的人带来多少回报，或者根本没有任何回报可言。那些在纸面上看上去非常令人兴奋，并被显然是踌躇满志追逐成功的创业家们付诸实施的创意，最终却以失败告终，给那些承担前期风险的人们带来了精神上的痛苦和经济上的损失。然而，几乎所有渴望达到一定经营规模的新企业，都需要某种形式的外部资金来使自己站稳脚跟，继而为其快速增长的发展轨道筹集更多资金。创立和发展企业所需的资金，通常来自个人储蓄、朋友、家人以及客户和供应商的支持。创业者们通常会发现，考虑到股权的稀释，这些资金的有效成本是比较低的——尽管当你的新公司经营失败时，你岳父的钱打了水漂，显然也会带来一些额外的痛苦。

幸运的是，一种非资本密集型的商业模式，或是一种能够通过高利润在早期产生正现金流的商业模式，就能使得融资需求大幅减少，给创始人和管理团队留下更多的所有权。比尔·盖茨和他的共同创始人在1978年创立微软公司时，并不需要什么第三方融资——因为在个人计算机软件开发方面，前期成本相对较低，特别是考虑到程序员们通常会住在廉价的汽车旅馆里，啃着廉价的比萨饼，喝着便宜的可乐。1981年，微软决定采纳一位硅谷风险投资家的意见，虽然该公司当时并不需要这笔钱，但它还是用5%的公司股权，换来了一笔数额达100万美元的投资。微软的管理层保留剩下的股权——这也很好地解释了，为什么盖茨先生能一直长踞福布斯400富豪榜。

同样，比尔·休利特和戴维·帕卡德这两个人，创立了一家含有自己名字的公司——惠普公司。1938年，该公司从加利福尼亚州帕洛阿尔托市的那间著名的车库起家。其早期产品包括为当地保龄球馆罚球线安装的信号装置，为利克天文台的天文望远镜安装的控制器，以及为迪士尼公司的著名动画影片《幻想曲》开发的低成本音频振荡器——这些都是专门为客户订制设计，而且客户付款都非常及时。而且，由于其专利属性以及高技术含量，它们为公司带来了可观的利润空间。两位创始人及时作出再投资决策，来支持自己公司的发展。直到该公司成功上市之前，休利特和帕卡德从未从外部募集任何资金。而到了1957年，两个已经功成名就的亿万富翁，从公司正式退休。

相反，正如我们已经看到的那样，20世纪70年代的联邦快递公司，从弗雷德·史密斯的最初概念阶段，到成为一个能够自我造血维持的企业，耗费了大量外部资本。联邦快递公司挖掘了众多资源，包括史密斯的个人资金、家族基金、风险投资、银行贷款和企业贷款，才达到了足够支持其首次公开募股的规模和盈利能力。史密斯别无选择。联邦快递公司的商业计划，必须建立在购买大量昂贵的设备和经历多年的亏损之上，这样公司才能够获得足够的包裹运输量，来创造正的现金流。在联邦快递公司上市时，弗雷德·史密斯只拥有公司12%的股份。

如今，很多以替代能源——清洁技术——为目标的新企业，也在面对这个难题：它们需要筹集大量的前期资金，采取大型固定成本的商业模式，以帮助世界摆脱对煤炭和石油的依赖。寻求从生物燃料制造燃油，或是试图将煤转化为天然气的新企业们，必须想方设法逐渐升级它们的设备和技术——从实验室阶段，到测试使用阶段，再到满负荷生产。公司的每个成长阶段，都必须展示出一种途径来增强经济方面的吸引力，以便实现融资计划来支持该技术的下一次迭代能够在更大的工厂加以生产。同样，能够大规模生产太阳能电池，并将它们打包成模块的设施，就算没有几亿美元，至少也需要几千万美元的前期投资。如果没有这种为前沿工厂的支出，企业就缺乏制造能力。这种高资金需求不仅为未来的竞争创造了准入门槛，也为更加年轻的企业创造了巨大的障碍。

新的生物技术公司通常与清洁技术企业具有相同的巨额资金需求，因为产品开发周期和监管审批过程往往要跨越十年，而成功却很难说是确定的结果。在这个过程中，这些企业会消耗大量的风险资本，主要以股权形式存在，以弥补前期的支出。

在21世纪，创新很可能是昂贵且充满风险的。这一“组合”会引起大多数投资者的排斥。因为，除非潜在投资者们能够看到很好的回报前景，否则他们不会排起长队，拿自己的钱去冒险——尤其是当这意味着很多资金的时候。而那些急需这些资金来搭建自己业务的企业家们，以及急需这些企业家和他们的想法来推动增长和就业的国家经济，此二者所面临的挑战，更多的是去创造恰当的“激励机制+保护机制”组合，以鼓励投资者承担必要的风险。幸运的是，有一批日益遍布全球的投资者和专业投资人士，正享受着培育新创企业所带来的丰厚风险回报。

充满风险的生意

一条古老的意第绪语的谚语告诉我们：“只要你的口袋里有钱，你就会变得聪明而帅气，就连你的歌声都是优美的。”传奇投资者沃伦·巴菲特，这位来自奥马哈的先知曾经说过，“一个傻瓜和他的钱，很快就会被各处邀请。”拥有一大笔钱去投资，这种“奢侈品”在普通人当中并不常见，但如果你这样做的话，那么你的知名度和在他人眼中的智力就会相应提高。虽然这种关注度可以让你感觉无比强大、无所不知，而且举足轻重，但是投资一笔钱，尤其是用别人的钱投资，与之俱来的必然还有责任、决策、对风险的承担，以及无所不在的记分卡。大多数投资专家能讲出伟大的故事，展现出动人的魅力和高超的推销艺术；尽管他们能够作出富有创意的、差异化的投资策略，但他们却很少能够始终跑赢公开股票市场的平均收益水平。而这群投资者中的“稀有品种”，其业绩结果却能够年复一年地超越同行。这是为什么呢？众多的学术研究都发现，投资并不是一门科学，而是一门艺术——这引起了许多对冲基金经理的抗议。即使很容易就获得现代技术、超高速计算机、博士撰写的专有算法和人工智能的专业系统，并带有几十年过往经验中积攒的“累累伤痕”，然而，能够令投资回报长期而持续地超越市场水平，仍然是一件非常困难的事情。

风险投资家、天使投资人以及其他敢于提供风险资本去帮助成立和发展新企业的人们，他们的工作对于一个创业型经济来说，是至关重要的。毫无疑问，在过去的四十年中，风险投资一直是美国经济增长和技术领先的巨大驱动力。在美国私营部门就业的全部雇员中，有11%都在为早年接受过创业资金扶持的公司工作。这些公司目前占据了美国国内生产总值的20%以上，包括全美范围内许多发展速度最快的公司。此外，多项研究都进一步证明，在过去的三十年中，美国的就业增长已经主要来自于创业型企业，这充分表明了风险资本的可得性和基础经济发展之间的重要联系。

这是一份令人印象深刻的公司名单——包括阿多比公司、亚马逊公司、安进公司、美国在线、苹果公司、百度公司、BEA系统公司、百健艾迪公司、新基医药公司、思科公司、康柏公司、易贝公司、脸谱网、联邦快递公司、基因泰克公司、吉利德科学公司、谷歌公司、财捷集团、微软公司、家得宝公司、英特尔公司、捷蓝航空公司、瞻博网络公司、宇宙能源公司、LSI公司、美敦力公司、网景公司、英伟达公司、贝宝公司、讯佳普公司、三角帆勘探公司、史泰博公司、星巴克、史赛克公司、美国太阳微系统公司、泰瑞达公司、特斯拉汽车公司、3Com公司、推特网、美国医疗保健公司、雅虎公司——这些只是数以千计案例中有限的几个。每一家公司都从美国的风险投资界吸引来了金融资源和丰富的管理经验，并享受到了出色的商业成功，为他们的股东创造了正的投资回报。同时，也令企业的创始人、公司员工、客户、投资者和支持者们成为了大赢家。

然而，不幸的是，经由风险资本支持却最终经营失败的公司，其列表规模完全令这些成功的公司相形见绌。这些后来失败的公司，起初都是由一些考虑周密、吃苦耐劳、心地善良却又敢于冒险的人士所组建，但出于各种原因，它们最终并未走上正轨。有些公司“烧”掉了数以千万美元计的股权投资，却仍然没有改变寿终正寝的命运。也许，它们的失败反映了其产品理念上的不足，或是领导层缺乏激励或鼓动的能力，或是飘忽不定的市场让它们无法跟上步调，或是那些稳固的竞争对手最终被证明比它们预期的更加灵活。创业失败背后的原因几乎是无穷无尽的，这也进一步支持了“创业成功需要在所有的商业领域都实现卓越”的观点。在寻找高潜力回报的过程中赔钱，是投资企业的内在特点，这也能够解释为什么“许多悲观主义者通过资助一个乐观主义者而获得了成功”。

企业的成功，源自于企业家在创始阶段所作出的数以千计的决策——当资源紧张时，当眼前的世界告诉他们这样的想法行不通时，当竞争似乎无处不在时，当资本难以寻觅时，当反对者人数远远多于支持者时，当招募优秀人才对于事业最为重要之时。这些成千上万的决策，有些细小琐碎，有些至关重要，有些惊天动地，而有些则会致命。对于一位正在创业的首席执行官来说，能否获取由风险资本家提供的资本和支持网络，完全可能意味着成功和失败之间的差异。风险资本家们需要与公司的管理团队紧密合作，但并不是作为经营者本身，而是以顾问和董事会成员的身份出现，他们的唯一目标是增加股东的价值，这样他们才能得其所好。风险投资者们起到的是一种“增值”的作用，而企业的日常战役则留给管理层去打拼，他们保持超然的姿态，控制视野和长远的方向，作为一块“共鸣板”，将个人情感从决策过程中剥离出来，并增加管理团队分析的严密性。管理团队和在他们身后投资的风险资本家们，应当有方向一致的经济利益，最大限度地减少发生冲突的可能性。

有时，当企业家们正试图筹集外部资金时，他们过于注重获得高估值，并保护他们的持股比例，但却忘记了他们的首要目标，那就是去建立一个成功的企业，尤其是一个可以得到规模化的企业。管理层的目标，应该是去获得充足的资金，聘请经验丰富的顾问，来帮助企业获得成功。大多数尚且年轻的企业由于资金不足失败；而大多数企业家则会从那些之前已经积累了大量公司建设经验的人士那里受益匪浅，这也昭示了经验丰富的风险资本家们的突出而重要的作用。

当然，引入风险投资并不能保证企业的成功，有时更会带来其他方面的限制。然而，选择一位能够带来资金、经验、外部网络和良好信誉的伙伴，更有可能会增加成功的几率，而不是对成功起到阻碍作用。此外，他们在与他们的新合资企业合作时，往往不求工资、咨询费或是红利方面的回报，而只是捎带上他们购买的基础股份的潜在升值。

融资创新

风险资本家们在谈及自己的行业时，都喜欢将其上溯到西班牙的伊莎贝拉王后和斐迪南国王那里。此二人在五百多年以前，就曾资助克里斯托弗·哥伦布开辟向西寻找西印度群岛的新航线。不过，制度化的风险投资本身，作为一种重要的金融创新和创业活动的基础，在美国20世纪40年代才正式兴盛起来。除了时常可以从那些富裕的家族——洛克菲勒家族和范德比尔特家族（它们最著名的风险投资案例包括美国东方航空公司和泛美航空公司）——筹集到的资金之外，专业风险资本还非常罕见。

商业银行从来不会蜂拥而至，急于为那些资产非常有限、没有正现金流以及盈利能力记录的公司提供资金，传统银行贷款模式的风险收益，并不能套用在资助初创企业上面。正如马克·吐温所说的，“所谓银行家，就是一个当太阳高照时把他的伞借给你，而当老天开始下雨时就想把它收回去的家伙。”银行并不希望在大部分的贷款交易中赔钱。相反，风险资本家们明白，他们的很多笔投资都不会成功；但他们需要一些格外成功出色的案例，以覆盖那些未能盈利的投资成本。

在20世纪30年代，“乔克”惠特尼从他父亲那里继承了大约2亿美元。到了1946年，他从其个人财富中拨出1000万美元，专门建立用于资助和培育新企业的基金。他在纽约建立了一只投资基金，该基金把风险投资作为一家企业来经营。这个企业聘用了全职的专业人员，通过参与分析投资机会进行投资，并与他们所支持的管理团队密切合作。他的见解是，虽然早期阶段的企业需要大量资金，但它们更需要管理方面的指导。惠特尼希望他的公司能够同时提供二者。他认为，如果他的团队与创业家们通力合作，协助他们制定和实施战略，那么他的投资回报会变得更好。他在这方面取得了一些成功，而其最著名的案例，就是在第二次世界大战后为国家研究公司（National Research Corporation）提供融资，该公司开发了制造浓缩橙汁的流程。国家研究公司最终更名为“美汁源”（Minute Maid），当时的风险投资公司进入了董事会。

与此同时，惠特尼在资助和促进新企业发展方面，采取了一种积极的措施。他组建了一个财团，主要由波士顿的商业和教育领袖组成，该财团从外部筹集资金，试图为新英格兰地区低迷的经济状况提供帮助。随着当地传统制鞋和纺织业制造企业的式微，这些深谋远虑的先生们得出了这样的结论：提供少量资金，来资助那些能够利用本地大学研究成果的新企业，或是在第二次世界大战中为美国政府作出贡献的科技公司，也许是一件有利可图的事情。在生于法国的哈佛大学商学院教授乔治·多里奥特的带领下，一家新的公司成立了，它主要募集来自几所大学和保险公司的第三方资金。多里奥特也认为，培训一些风险投资方面的专业人士，将是一件很有价值的事情。他利用筹集来的350万美元股权投资，雇用了一个小规模的员工团队，为他的这家新公司——美国研究和开发公司（AR＆D）——外出寻找、评估并资助投资的机会。

与乔克·惠特尼采用的投资方法——这是洛克菲勒和范德比尔特家族的“投资办公室模式”的延伸——不同的是，AR＆D公司是有史以来成立的第一家通过筹集外部投资者的资金来提供风险资本，并使投资实践专业化，用战略咨询和指导来支持创业企业的独立公司。它的业绩记录并不稳定，其早期的成功包括高电压工程公司（这家公司生产最初用于医疗应用的粒子加速器）以及由乔治·W.布什领导的萨帕塔石油公司；当然，它也经历了一些失败。而对于AR＆D公司来说，或者最终对于美国风险投资行业来说颇为幸运的是，在1957年，多里奥特的研究小组在麻省理工学院的林肯实验室发现了新的契机：当时肯·奥尔森正在该实验室开发一种功能强大的、全新的数据处理设备，它比IBM公司生产的大型机的体积要小得多。该设备主要用于部门级计算，往往用于科学用途。奥尔森的机器设备使用晶体管来代替真空管，并用交互式数据录入来代替打卡批处理方法。奥尔森同意向多里奥特出售他的新公司——数字设备公司——约70%的股份，换取7万美元的股权融资，这在当时已经是一笔非常可观的资金。数字设备公司跻身小型机产业，后来该公司成为了行业巨擘，发展速度和盈利能力惊人，并在波士顿地区开设了大量电脑公司。在1971年，当AR＆D公司出售了其在数字设备公司持有的股权时，当初区区7万美元投资的价值暴增为约3.5亿美元。由此，创业界和投资界才真正开始注意创投公司。

让乔克·惠特尼和乔治·多里奥特不曾想到的是，他们的创新——使风险投资成为系统的专业服务——居然能够开创出一个新的产业，一个新的投资资产类别，以及最重要的是，成为了美国经济增长和技术商业化的一个基础支柱；他们确实做到了。

“增值投资者”

从本质上来看，风险投资也是一种投资业务，它从那些富裕家庭和商业机构募集资金；然后，随着时间的推移，承担了前期风险的人们，有希望能够收回数倍于初始资本的回报。而要获得超出公开股票市场的收益，就需要创投专业人士们作出金钱以外的贡献——他们需要帮助创业管理团队作出重大决策，制定战略方向，招聘高级管理人才和董事会成员，设计薪酬激励体系，构建包括首次公开募股的融资计划，并对更加广泛的业务经营——如销售、供应商关系以及建立合资企业，起到支持帮助的作用。随着越来越多的年轻公司立志参与国际市场，那些经验更加丰富的风险投资机构能够协助培养技能和企业关系，以促进这种增长。

成功的风险资本家们知道，直接去管理他们所投资的公司，并不是他们的工作；他们的任务是要确保公司得到良好的管理。而且，作为投资者的风险资本家，在企业管理中与其他股东的利益是一致的，他们会将之前参与类似工作积累下来的近乎“艺术”的重要管理经验和“伤疤”般的沉痛教训带给企业。作为公司首席执行官的知心朋友，风险资本家们可以为经常处于“高处不胜寒”领导地位的他们，提供一个独特的视角和智慧；并且，在难免出现磕磕碰碰的经营之路上起到啦啦队的作用。一些风险投资公司经营出了高品质声誉和令人印象深刻的业绩。这些公司的产品组合享受到了“光环效应”，提高了其可信度，增强了企业的潜力，让支持客户和供应商关系的新员工的招聘变得更加轻松，有效提高了这些早期阶段的公司日后站稳脚跟并走上富裕之路的概率。

风险资本家们永远不会忘记的一个基本信条是，当他们接受了购买私人企业股份所带来的流动性不足时，作为交换，他们需要对企业施加一定的影响力或控制力。当上市公司的股东对企业的发展方向或领导能力失去信心时，总是能够迅速将他们的投资套现；但对投资于私人公司的风险资本家们来说，由于没有活跃的交易市场，如果他们不喜欢该公司的进展，他们就被“卡”死在一个具有挑战性的投资当中。一旦钱投了进去，就很难把它弄出来——至于及时并不受损失地套现投资，就更是难上加难了。作为积极的投资者和高度利益相关的人士，如果公司的业绩水平不符合他们的预期，风险资本家往往会主动要求他们所投资公司的高级管理人员团队进行主动改变。有的企业家们认识到，那些被证明善于开创企业的人，往往并不是那个擅长于让企业发展壮大和良好管理的人。最终，风险资本家会忠于公司股东——而不是创始人或管理者个人——的目标。作为将资金置于风险之中，并专注于他们的投资组合公司长期发展的积极投资者，风险资本家们在培育创业型经济的过程中发挥了重要的支撑和增值作用。

同样重要的是，在美国，风险资本家已经成为了“经济看门人”，是他们在为整个创业者群体配给风险资本。在资本和创业家精神这个十字路口上，他们处于非常有利的位置，来筛选众多的投资机会，并决定哪些公司值得获得当下数量有限的股权投资。目前，每一个处于领先地位的风险投资公司，每年都能够收到成千上万的新的投资机会。他们作出的选择是，只去投资少数看上去同时拥有管理人才、成长潜力、有吸引力的商业模式，以及坐拥可防御竞争地位这些要素的公司。即便拥有了如此彻底的筛选流程，它们所面对的成功机会仍然只能用“非常偶然”来形容。这主要是因为，这个过程并不像“非黑即白”或是“二选一”这样简单，而是一桩判断、创意并愿意冒险进入“未知”和“不可知”领域的生意。

20世纪80年代，随着新的企业越来越多地接受了风险投资，以支持其起飞和成长阶段，整个扶持创业型企业的生态系统都成长了起来，包括律师事务所、合同服务供应商、企业支持团队、高管招募和公众关系专家，以及急于把最成功的这些公司介绍到公开股票市场的投资银行——在那里，创业公司可以获得更加便宜的股权投资，以使业务更上一层楼。首次公开募股强化了风险投资的经营模式，让投资者和他们资助的管理团队获得了实实在在的好处，提供了一个途径获得流动性，藉以完成投资和收获的生命周期。此外，随着此后不久大众媒体对股价飙涨公司的宣传和关注——这大概开始于基因泰克公司1980年的首次公开募股，接踵而来的是与个人电脑行业有关的一系列公司——成功的企业家成为了公众的关注焦点，以及其他有抱负的企业家们的榜样。更为显著的成功，意味着更多的创业活动，从而带动更多的资金投入到风险投资基金当中，而每只基金都需要更多的支持服务，藉以完成一个美好的良性循环。这样，开设新公司，并拉动经济增长，就变成了一件比较容易的事情。有了完善的模板和可用资源，这个社会的创业过程就会变得更加容易和快捷。每个人都成了大赢家。

用户友好型互联网的出现，最初由网景公司浏览器在20世纪90年代中期提供，这让美国风险投资业从阴霾中抬头。这个产业不再被视作山寨产业，它占领了舞台的中心，成为主流商业杂志封面故事的主题，行业中那些最优秀、最聪明的从业人员，获得了摇滚明星般的地位。自20世纪70年代中期开始，许多机构投资者稳步提高各资产类别的投资组合额，到了90年代中期，美国的风险投资基金每年投资额高达约100亿美元。然而，在互联网领域中越来越短的“初始投资—流动性”周期，推动风险投资在1999年的全年投资额超过1000亿美元。但是，正如生活中的大多数事情——包括金钱，太多的好东西也许会危害您的健康。风险资本及其资助的新企业，在这一点上并没有什么不同。在1999年已经暴涨到超过100%的风险投资行业平均投资回报率，到了2001年却变成了负数。当原有的金钱洪水所资助的很多新企业，以及那些能够支持正现金流的优秀商业模式，失去了继续存在的理由时，那是一定要迅速退去的。随着互联网泡沫破灭，风险投资的鼎盛时期也“砰”的一声结束了。对于当时少数及时套现其投资的风险资本家来说，这当然是一个双重享受之旅。但是，大多数风险投资公司坚持了太长时间——要么因缺乏流动性而无法套现，要么过于相信自己的炒作行为。无论是这些公司自己，还是它们投资的企业，在这一轮泡沫中都收获甚微。

在美国，还远不够完善的风险投资行业，已经经历了它们应当经历的失望和自己给自己造成的痛苦。过分的狂热和偶尔冒出的贪婪本性，令一些企业失去了其专业的技能和判断力。对于一些企业家来说，风险投资变成了“秃鹫资金”。他们认为，当供求曲线青睐那些手持真金白银、身体力行地实践他们的黄金法则——“谁手里有黄金，谁制定规则”——的人时，自己则是彻底当了冤大头。在新千年的第一个十年，较之于合理的公开交易市场的股票回报率，相对较差的风险投资回报率，让后者在机构投资者面前失宠。凤毛麟角的首次公开募股，以及其他收益率高涨的投资主题，让风险资本家们从商业媒体的封面故事中逐渐消失，变成了明日黄花。然而，风险资本生态系统仍然存在，它们在等待下一个机会浪潮，例如技术的爆发，或是过度的公开股权市场行为。历史经验表明，行业回报率是周期性的，而另一种催化剂势必出现，推动股价上涨，带动风险资本行业重回风口——毕竟，它在支持创业者和资助新的创新行为方面，仍然处于非常有利的地位。

TRANSFORMATIVE ENTREPRENEURS

第11章 高尚的事业

善良，是一项永远都不会失败的投资。

——亨利·大卫·梭罗

在当下这个纷繁复杂的时期，许多新的企业家追求的是有所作为，而并不是那么注重赚取利润。创业，并不总是和为股东创造财富有关——当然，有的时候的确是这样的。其实，创业主要是围绕创意和创新的商业模式，来开发建设一个有可持续发展可能的新企业。如果这些原则适用于营利部门，为什么不把它们也应用到非营利部门？我们的需要是伟大的，我们的机会是很大的，我们的潜在回报也是非常可观的。“社会企业家精神”，这一在非营利部门进行的创业实践，将继续在美国和世界各地发扬光大，因为它行之有效。帮助人们跨过贫困线，改善他们的医疗保健水平，或是提升其教育经历的最佳途径，并不仅仅是把钱捐助给慈善机构，而是为这些人提供时间和专业知识，使得他们能够自己帮助自己。例如，我们看到诸如聪明人基金（Acumen Fund）这样的组织——它是一家通过为住房、医疗保健、水、农业和能源产业的早期阶段公司提供资金和管理经验，来支持发展中国家创业者的创业投资基金，它经常能够获取这些羽翼未丰的公司的所有权。如同任何风险投资基金那样，聪明人基金也想要获得令人满意的回报率，但它藉以衡量回报率的基础，并不是简单的金钱，而是对社会的影响。目前，世界各地有成千上万的非政府组织，它们那些具有标准企业家精神的领导者们，都在采取新的方法来提高人们的生活水平和生活质量。他们所经营的组织像大多数其他企业一样；有时，它们甚至做得更出色。虽然它们的“股息”并不能以当地货币来衡量，但它们所带来的益处可不止这些。

* * *

孟加拉国有大约1.5亿人口，是世界第七大人口国。由于它的人均收入远低于1000美元，该国也成为世界上最贫穷的国度之一。1940年，穆罕默德·尤努斯出生于孟加拉国一个中下阶层家庭。他的父母只有小学毕业文化程度，但他们依旧希望自己的孩子能够去上大学。1961年，尤努斯在孟加拉国大学毕业之后，当上了一名经济学老师。 1965年，他获得了富布赖特奖学金，进入科罗拉多大学深造，后来从范德比尔特大学经济学系获得了博士学位。在孟加拉国获得独立后，尤努斯于1972年回到了自己的祖国，希望能够参与重建自己的国家；而最终，他所做的远远不止这个。

有些人是圣徒

吉大港大学位于孟加拉国的农村区域，作为该所大学的经济系负责人，尤努斯亲眼目睹了当地乔布拉村以编制竹凳为业的42位女村民所陷入的贫困的恶性循环。每一天，她们会去找一位中间人，他以0.2美元的价格卖给她们竹子，然后从她们手里以0.22美元的价格买回已经编好的竹席或竹凳。这些钱就是她们唯一的收入来源，她们不得不以这微薄的收入来喂饱孩子，并赡养家庭。她们支付不起送子女上学的费用，这意味着她们的下一代会继续停留在这个非技能性职业中。但与这种情况同样糟糕的是，如果这些妇女想贷款，从本地竹子供应商那里直接购买竹子，并向任何人自由出售竹制成品的话，放贷者将向她们收取每周10%的利率。尤努斯决心尽力帮助她们。他最初的目标并不远大，仅仅是为了帮助人们在当地村庄过上更好的生活。他个人借给这些村民27美元，让她们可以自己购买竹子，并在市场上出售自己的凳子或坐垫，来赚取较高的回报。他的试验行为成功了。由于商业银行以贷款作为自己的主业，尤努斯走访了当地的银行，看它是否会把钱贷给妇女们。当银行经理告诉他，因为这些村民们很贫困，也没有什么抵押品，因此借给她们钱是一件非常冒险的事情时，他感到非常失望。银行还表示，贷出这样小额的资金，对于银行来说是一件很不经济的行为，因为银行将在贷款管理方面花费太高成本。尤努斯坚持认为，这些村民非常贫穷，因此不得不偿还贷款，因为一旦她们不及时还款，她们第二天就无法获得贷款来买竹子，编出更多的垫子来维持生计。半年后，尤努斯终于说服该银行向乔布拉村的村民们放贷300美元，但前提是他个人要对这笔贷款进行担保。

1977年1月，尤努斯决定开设自己的银行，向孟加拉国的村民们提供超小额贷款。在这个业务中，尤努斯看到了通过打破生活在温饱线上的贫困村民与高利贷者和中间商的联系，来改善村民生活的巨大潜力。他的新机构——格莱珉银行——制订了一项计划，并找到了给予穷人贷款并有助于确保还款的方式，即通过把钱借给一个村庄中的全体村民而不是村民个人，在借款人中间创造了“同侪压力机制”——如果他们中任何一个错过了还款，那么就可能妨碍到整个村庄的后续贷款。从本质上说，正是村民小组的集体责任，充当了贷款的抵押品。由于大部分村民都是文盲，与贷款相关的文书工作对于他们来说简直非常吓人，因此格莱珉银行废除了这一要求，只保留了交易的总账。尽管格莱珉银行贷款额度非常小，但已经足够满足借款人超小额度交易的需求。村民们用这些钱购买家畜、碾米机、纺织品等原材料。这些贷款的还款期以周计算。如果借款人能够按时归还贷款，他们就有资格获得更多的贷款，银行员工定期走访村庄，保持与借款人的密切联系，并监测他们的业务进展情况。尤纳斯还制定了一系列旨在改善借款人及其家庭生活和卫生条件的非常简单的规则。作为贷款的条件，村民只好同意遵循这些生活规则。

在孟加拉国的社会背景下，男性占主导地位。但尤努斯很快就了解到，因为女性会使用所有结余下来的钱，去照顾孩子和家庭，而男性更容易把钱花在自己身上，因此把钱借给妇女被证明更加高效和有效。如果说格莱珉银行有机会减少村庄中存在的贫困，那么它必须将贷款集中于那些妇女身上，因为她们才能提高村庄中的生活水平。

1979年6月尤努斯离开了大学，把自己的全部时间都用来开发银行业务。当时，在乔布拉村有500名借款人。而三年之后，格莱珉银行在整个孟加拉国的村庄中拥有2.8万名借款人，但达到这个水平并不是一件容易的事情。许多社会团体都反对借钱给女性这一概念。男人觉得受到了轻视和侮辱，他们认为，借钱给妇女们，削弱了其在家庭中的权威。宗教领袖们也在不停抱怨，并表示这类贷款违反了宗教方面的规范。左派的政党抱怨说，资本主义正在偷偷潜入自己的国家，而右派政党居然也在发着“这是一个共产主义阴谋”的牢骚。

让格莱珉银行在反贫困的斗争中独树一帜的因素是，它的战略并不是简单的施舍或培训，而是帮助人们自助做她们已经在做的事情。这一做法并没有影响她们的尊严，而是解除了她们对高利贷者和曾经长久欺压过她们的那些人的依赖。通过让村民获得资金——尽管是非常少量的——格莱珉银行推动改善了她们的生活。

为了让自身资金充足，格莱珉银行需要吸收存款，并支付8%至12%的年利率，但它以盈利为目的的贷款利率达到20%，因此能够赚取存贷差。它的住房贷款收取8%的利率；对学生贷款收取5%的利率；而对那些“挣扎中的成员”（乞丐），它则提供无息贷款。它的住房贷款是在1984年引入的，还款期限为五年。最大的一笔住房贷款额度约为350美元。接受格莱珉银行贷款的人们当中，约有58%已经摆脱了贫困。世界银行的一项研究表明，平均每年有5%的格莱珉银行借款人摆脱贫困。

从1977年一个极低的起点开始，格莱珉银行已经成长为一个强大的机构，并已经成为了一种模式，在其他许多国家的微型贷款企业中得以应用。今天，格莱珉银行的股权主要由其借款人拥有；孟加拉国政府只控制5%。因为格莱珉银行的借款人同时也是其拥有者，她们的贷款利息支付不违反伊斯兰教法的法律（根据伊斯兰教法，当借款人同时也是所有者时，这种支付不被认为是利息）。大约2.5万名员工遍布全国各地超过2500家分支经营机构，格莱珉银行服务的客户大约有800万人，其中97%是妇女。在此期间，格莱珉银行已经向外贷出100亿美元以上，其中90%已经得到偿还；剩下的大部分是未偿还贷款。现在，格莱珉银行每年对外贷款额大约为10亿多美元。

鉴于该行在农村的成熟分销网络，以及在客户群中强大的品牌声誉，格莱珉银行利用它建立的雄厚基础拓展了它的使命。1996年，格莱珉银行被授予了手机牌照，以协助各个村庄实现通信现代化。在建立了一个以营利为目的的移动电话网络子公司，一个非营利性的销售通话时间的子公司之后，格莱珉银行已经成为孟加拉国国内最大的通信公司之一。今天，已有超过40万的"手机女士"，她们拥有村庄电信的专营权。继其在手机通信方面的成功，格莱珉银行又开始了类似的服务，旨在让村民们能够上网。并且，随着电力需求不断增加，格莱珉银行又成立了致力于将绿色能源——诸如风能、生物质能和太阳能发电——带入村庄的另一家附属公司。

穆罕默德·尤努斯并不是给穷人小额贷款的首创者。这种做法，早在几百年以前就已经在世界上的许多其他地区出现。然而，格莱珉银行的大规模成功，引领了声势浩大的小额信贷运动，使其规模不断成长。当今在全世界范围内，获得小额贷款的人数达到一亿，小额信贷正在为数千种不同的群体提供服务，估计总贷款额度达到360亿美元。格莱珉银行的成功，于2006年为该机构及其创始人赢得了诺贝尔和平奖。格莱珉银行以及随之而来的其他小额信贷机构的借款人，则获得了一个更大的奖励回报。

* * *

在20世纪60年代末，美国在骚乱和紧张中动荡着。美国在越南不断升级的军事活动中的失败，使得民众走上街头，抗议政府的行动。在底特律、洛杉矶和纽瓦克这样的城市不断发生的种族暴乱，反映出一个更积极的民权运动和城市衰退的现象。1968年对马丁·路德·金和总统候选人罗伯特·F.肯尼迪的暗杀，为美国社会注入了越来越多的暴力的概念。相比之下，1969年在纽约州北部开展的伍德斯托克音乐和艺术博览会，则带来了关注自由恋爱、大麻和摇滚乐的反传统精神。这是以一种不同的形式开展的抗议。在这种背景下，也出现了革命性的电视节目，由此迎来了一个全新的、更加强大的教育方式，最终，它在世界各地培育出一代又一代的孩子，并成为一个文化标志。

这里的空气都是甜的

琼·甘茨并不是你心目中那种典型的企业家。1951年，甘茨从亚利桑那大学获得教育学学位后，一路来到了纽约，得到了在国家广播公司宣传部门工作的机会。她接下来的一份工作是在第13频道——这是新泽西州的一个小型教育广播电台——这使得她有机会接触到纪录片和政治节目的制作。1966年，甘茨因她的一部有关成人扫盲计划的纪录片《一个机会的开始》赢得了艾美奖。为了庆祝这一里程碑，她的丈夫蒂姆·甘茨在他们的公寓中举办了一场派对。在参加派对的客人当中，包括劳埃德·莫里塞特，时任卡内基公司的副总裁。该公司最初是由钢铁大王安德鲁·卡内基为促进教育和相互了解，在美国创立的一个非营利性组织。当时，卡内基公司正在资助儿童发展的研究，该公司赞助了许多方案，以帮助处于弱势的学生们。莫里塞特知道，由于缺乏资金和空间，大多数三到五岁的孩子从不会去幼儿园，他想找到一种方法来解决这些问题。琼·甘茨在如何做到这一点上颇有心得。

当卡内基公司给了她1.5万美元来研究她的创意后，甘茨开始了她的工作，以确定如何利用电视来教育幼儿。她成了一名带有使命的企业家：利用电视来进行教育，从而帮助减轻贫困和无知。当时公认的想法是，电视是娱乐媒介，而对孩子们最好的教育，则只在当地的学校教师课堂上才有。在那些日子里，面向儿童的电视节目大多是充满暴力色彩的卡通片，以及几个晨间节目，如“爬衣室”“罗杰斯先生的邻居”“袋鼠船长”之类。

当时，美国几乎所有的家庭都有电视机，而孩子们在那个“大盒子”跟前平均每周要花掉27个小时——在他们长大上学之前。甘茨的研究表明，年幼的孩子能够记住他们在电视上看到的很多内容，例如那些容易记住的广告。1968年年初，她向莫里塞特提出，请求卡内基公司建立一个非营利性组织，以致力于通过电视开展学龄前教育，这也就是儿童电视节目制作室（CTW）的由来。它的使命是利用现代娱乐技术来吸引学龄前儿童，教给他们一些基本的知识。

当认识到她的做法可能会遇到主流教育家和儿童心理学家的批评后，甘茨就开始着手构建一个强大的科研基地。为此，她搜集了来自心理学家、教师和学校官员们关于学龄前儿童课程的资源。她用了足足十八个月时间来学习注意力跨度、感兴趣的区域以及眼睛的运动状态，以便更好地满足预期受众的需求。甘茨很快就意识到，她的目标受众年幼的孩子们很快就会失去兴趣——除非她的节目同时带有足够的娱乐性和教育性。为了充分利用电视媒体，她的团队从当时美国国内最流行的电视节目“鲁旺和马丁搞笑集”中找到了线索，这是一个为时一小时的喜剧表演节目，以其快节奏、短剧情和充满活力的色彩设置为特色。甘茨决定，她的节目要努力教给孩子们简单的计数能力、识别字母和数字、一些基本的推理能力和简单的词汇，并能够让他们进一步理解世界——以重复、演示、简洁和清晰为特点。这些重要的观点，反映了她作为一个电视制片人而不是一个教育专家的背景。

要支持后来被称为“芝麻街”这档原创节目的演出，仅仅第一年，甘茨就需要800万美元。她不得不像许多企业家那样，为这个冒险来筹集外部资金支持。当她认识到，那些以营利为目的的电视台是不会为一档旨在学龄前儿童或在清晨或傍晚时段播出的节目提供融资援助时，甘莰开始向美国政府和各种慈善组织寻求资助。儿童电视节目制作室的初始资金一半来自美国联邦教育署，它们看到了利用电视来推广“操作启蒙计划”的潜在机会。而其余的资金则来自新创建的公共广播公司、卡内基公司和福特基金会。

将目标定位于学前教育观众的甘莰团队，想要借助吉姆·汉森的提线木偶的创造力。跟随着沃特·迪斯尼的脚步，汉森已经围绕自己创造的木偶人物建立了一个独特的产业。汉森为儿童电视节目制作室专门创造了几个任务，包括伯特和厄尼，以及爱发牢骚的奥斯卡和大鸟。甘莰将整个节目的背景设定为一片充满了廉价公寓楼、垃圾桶和垃圾的市郊地区，并聘请了能够多样化城市生活的演员组合——拉美裔、黑人、白人、男女混搭。除了开发独特的节目，甘莰还需要建立她的观众群。于是，她针对孩子们的父母，发起了全国范围内的推广活动，鼓励他们的孩子去观看节目。通过全国各地公共电视台的播放，甘莰拓展了一片全新的领域——传统上，这一领域主要是针对富裕人口，起到兴趣培养和娱乐的功能。

甘莰与遍布全国各地百余家教育电视台签署了合作协议，在1969年11月推出了“芝麻街”节目。从一开始，这档节目就取得了巨大的成功。在第一年，每天一集、每周五集的“芝麻街”，学龄前儿童观众就达到将近700万人。该节目的《橡胶鸭子之歌》连续占据音乐排行榜显著位置长达九个星期，而几个布偶人物也在面向成人的电视节目中做了客串。在第一年，“芝麻街”因其卓越而赢得了3个艾美奖和20多个其他奖项。

当1971年，美国教育考试服务中心（ETS）对就读于五个不同州的孩子们进行了一项关于节目内容是否有效的研究后，他们发现，那些程度较差的孩子并不经常观看“芝麻街”节目，他们对一般知识的接受程度只有9%；每周观看两到三次节目的小观众们，这个数字提高了15%；每周观看四到五次节目的小观众，增长了19%；而每周观看五次以上的，则提高了24%。年龄组越低，这个节目的效果越强，对于三岁孩子年龄组得分最高。

1972年，儿童电视节目制作室开始发掘其卡通人物的商业力量，并通过设立营销部门，力图让自身从基金会的资助和政府资助中“断奶”。儿童电视节目制作室面对许多机会，来对其布偶人物进行商品化。他们寻求通过这些独特的创造来实现盈利，借此他们便可以进行再投资，以支持节目的进一步开发。正如甘茨解释的那样，“提线木偶让我们‘活’了起来。我觉得，如果我们没有吉姆·汉森和提线木偶的话，‘芝麻街’在人气和好评方面依旧会获得成功，但我认为这也许只是一个两到三年的美好回忆。如果没有吉姆·汉森，我们不会享有这么好的授权方案。毫无疑问，这个节目的成功，很大一部分可以归因于他。对于汉森和我们来说，这称得上是一桩美好的‘婚姻’。”

尽管仍有一些反对者存在，但“芝麻街”节目还是证明了，少数考虑周全、富有想象力的人士可以创造出高品质、智能化的学龄前儿童节目，并起到寓教于乐的作用，更好地为他们准备入校经验。此外，“芝麻街”让公共电视广播在美国成为服务更广泛人群的网络，而不仅仅是为富裕阶层服务。今天，美国有近一半的学龄前儿童，每周都要观看“芝麻街”节目，它已经在世界各地超过79个国家、以12种外国语言版本播出。

* * *

尤努斯和甘茨通过类似于那些用于以营利为目的的企业家的手段，创造了新的产业，并开辟了新的市场。他们原创了一个想法，齐心协力凑齐了所有的必要元素，并在大多数人都认为他们会失败的情况下，从零开始创造出一个企业。谁会借钱给穷人呢？谁会利用电视来教育孩子呢？一次又一次，我们看到了以营利为目的的世界在公开唱着反调。可悲的是，我们在非营利世界也能看到这一言论。从创业的角度来看，迎接挑战所需的技能是几乎相同的。格莱珉银行和“芝麻街”只是成千上万世界各地的成功企业当中，社会企业家们通过创新的解决方案，使人们的生活产生了很大不同的两个案例。虽然他们的经济回报并不足以令他们问鼎福布斯400富豪榜，但他们至少应该得到相应的夸赞、支持和尊重。

TRANSFORMATIVE
ENTREPRENEURS

第12章
企业型政府

"Crisis"一词用中文书写时，是由两个字组成的，第一个字"危"代表"危险"，另一个字"机"却代表"机会"。

——约翰·F.肯尼迪

当苏联于1957年发射了世界上第一颗人造卫星“斯普特尼克1号”之后，为了对抗苏联太空统治的威胁，1958年，美国国会和总统德怀特·D.艾森豪威尔成立了美国国家航空和航天局（NASA）。在苏联宇航员尤里·加加林完成载人飞船轨道任务四年之后，约翰·肯尼迪总统大胆地做出挑战，使美国在这个十年即将结束时，将一位真人送上月球——这个国家在距离最后期限还有五个月的时间就完成了这个目标。人类太空飞行为美国镀上了一层金，并推动了科技成果达到了一个全新的水平。然而，此举所需的巨额支出，也让总统领导层将其作为重中之重。恐惧是一个伟大的动力，但总统体现出的“领导力”也是不可或缺的，他为整个国家设置了一条带有具体目标和理想的轨道。

在肯尼迪呼吁美国采取行动，在太空中保护自己的22年前，面对可能发生的灾难，另一位总统大胆走上了国家领导人的位置，他采取了高风险、高成本的努力来结束战争，结束所有的战争。像肯尼迪一样，这位总统深刻地认识到了摆在面前的责任和重要性，特别是当这个风险被证明是危机重重之时。

危机管理

在德国于1939年9月1日入侵波兰，点燃第二次世界大战之前不久，阿尔伯特·爱因斯坦曾就由欧洲科学家做出的、可能威胁到美国国家安全的核物理方面的最新进展，对总统富兰克林·D.罗斯福提出过警示。他告诉总统，基于铀原子的连锁反应，人类有可能造出一种强有力的破坏性炸弹。爱因斯坦担心，德国会首先发展这种能力，然后用它来统治世界。在认识到拥有这样一个强有力武器所带来的巨大战略优势，以及另一个国家首先获得原子弹的军事意义后，罗斯福批准了一个建立美国自己的核装置的前期工作计划。而当1941年7月，科学家在英国的一份报告估计称，德国将在两年内充分提高铀-235的生产技术水平并实现爆炸时，美国方面的研究工作强度得到了增加。

从来没有人建造出过这样的装置，但美国政府已准备在这个问题上抛出重要的资源，以确保德国没有占到先机。1942年5月，一个秘密的总统特别工作组评估了几个未经试验的、制造出足够数量燃料炸弹所需的临界铀和钚同位素的流程的可行性。罗斯福指派陆军工程兵团负责制造原子弹，该项工作从纽约的一间办公室开始，之后发展成为著名的“曼哈顿计划”。陆军任命了四十六岁的上校莱斯利·R.格罗夫斯来负责这个高度保密的项目，他是美国陆军所有建筑制造项目的总负责人，已经有超过100万人曾经在他手下工作。最近，格罗夫斯正在监督建设世界上最大的办公楼——五角大楼，并一直希望从事一项战斗任务。这一次，他终于获得了机会，而此举极大地改变了世界。

迅速晋升为陆军准将的格罗夫斯上班去了。他表现出高超的领导能力，设立了业绩完成目标，整合资源，招聘专家，力争尽快生产出爆炸装置。虽然过于自我、缺乏领导魅力、表现出老派工头作风的格罗夫斯，并未深受那些为他工作的人们的喜爱，但人们都非常尊敬他的智慧、果断和勇气。他能够把事情做成。

1942年12月，在20世纪30年代从意大利移民到美国，并获得过诺贝尔奖的物理学家恩里科·费米，在芝加哥大学开启了世界上第一个铀的自持链式反应。同月，罗斯福总统为曼哈顿计划批准了5亿美元的补充经费，以1945年中期制造出原子弹为目标。有了罗斯福的全力支持，美国政府在倾力打造原子弹的过程中，总共花费超过22亿美元。今天看来，罗斯福的这笔巨大支出，可以看作项目成功的有力保证。但是，如果倾力打造原子弹的努力失败了，又当如何呢？其政治后果对于富兰克林·罗斯福来说，将是明摆着的——政府试图制造原子弹所花掉的巨大经费，本来可以给传统的军事努力以巨大支持。

对速度和完全保密状态的需要，使得曼哈顿计划项目组的风险大幅放大。它采取了高度非正统的措施，即放弃需要花费多年时间逐渐积累化学反应规模的常规框架，而是抄了近道——从实验室状态立刻转移到满负荷生产。鉴于技术上的巨大不确定性——包括并不知道哪一种制造炸弹的技术有效，以及为了制造核武器，每种裂变材料需要多少——格罗夫斯决定从四个独立的方向同步发展，每个方向都需要空前的努力程度和规模。他希望，至少其中一种方向被证明在所需时间段内制造出原子弹的过程中，能够达到令人满意的效果。

在格罗夫斯的指挥下，美国政府着手兴建三个独立的设施。第一个设施的地点是在田纳西州橡树岭，最终雇用了4.5万人，令该市成为该州第五大城市。作为一个用于电磁分离特定铀同位素的庞大建筑的“家”，它几乎消耗了全国电力的15%。该市还建立了运用气体扩散法和液体热扩散技术的设施。第二个生产地点位于华盛顿州的汉弗德，美国政府在那里高效地取得了50万英亩土地，并迁出了1500名居民，这样它就可以迁入5万名建筑工人和工业工人，致力于提取钚的努力。第三座工厂位于新墨西哥州的洛斯阿拉莫斯国家实验室。在那里，包括当时顶尖物理学家在内的6000名员工，在一个独立的营地负责建造核装置，该装置的动力来自其他站点制造的材料。

在一项极具争议的举动中，格罗夫斯招募来了奥本海默博士——他是加州大学伯克利分校一位三十九岁的教授——在洛斯阿拉莫斯国家实验室效力。奥本海默是一位成就辉煌的理论物理学家，在二十二岁的年龄就拿到了博士学位，通晓六种语言，并与许多在欧洲和美国领先的物理学家进行过合作。重要的一点是，奥本海默本人并不是诺贝尔奖获得者，而他将不得不管理的其他几位一同被“引诱”到这个偏远地区的科学家，也不是诺贝尔奖获得者。奥本海默这样描述他招募到所需的科学人才的成功过程：

> 几乎每个人都意识到，这将是一个伟大的事业。几乎每个人都知道，如果它能够得以足够迅速地成功完成，那么它很有可能决定战争的胜负。几乎每个人都知道，这是一个无与伦比的机会，将知识和科学运用到国家的利益中。几乎每个人都知道，如果这个任务得以实现，它将成为历史的一部分。

奥本海默并没有什么管理或行政经验，他被他的一位同事指责为“甚至缺乏运作一个汉堡摊的技能”。此外，美国联邦调查局一直将他作为一个潜在的安全风险，对他进行定期监控，因为他被指控与美国共产党有联系。尽管如此，格罗夫斯的判断被证明是个例外。奥本海默对他管理下的开发工作驾轻就熟，并被证明在激励科学家和管理设施方面很有一套。他全身心地投入到实验室的努力中，将那些科学家“哄”得服服帖帖，巧妙地影响他们的工作方向，但在他们的正式会议和非正式讨论中，又能够让人感到他的存在和参与。此外，他还巧妙地保护他手下的平民科学家，免得让层级严格的军事准则影响到他们的工作。

奥本海默在管理上面临的最大挑战是，让他手下的世界级物理学家团队从实验室的实验到创造出一些实用的东西。这种实用性正是他们所缺乏的，因为他们从来没有参与过大型工业工程项目。几乎毫无例外，他们都来自于资源相对缺乏但却有足够工作时间的工作环境。可是现在，他们手中拥有几乎无限的资源，但面对曼哈顿计划严格的最后期限却感到巨大的压力。

格罗夫斯和奥本海默有效地管理了这一不平凡的过程——在从来没有被完成过的领域，在很短的时间内实现了了创造。科学家们承受着巨大的压力，风险也是非常高的。他们利用未经实验检验的科学，协调全国各地庞大的建设能力，在完全保密的状态下研制出了第一批大规模杀伤性武器。在曼哈顿计划的高峰期，雇用的人数将近13万人，大约是当时美国全国汽车业的整体规模——并在一个月内就耗资100万美元。

在1944年的冬天，橡树岭成功实现了电磁分离法，后来更是实现了气体扩散法来分离铀-235。然而，汉弗德方面持续的延误，使得提纯钚交付洛斯阿拉莫斯国家实验室的时间一直推迟到1945年2月。1945年初，奥本海默宣布“铀弹”设计完成——它能够将一块铀-235以极高速度射入另一块铀-235。理论上，当两块铀-235相结合时，核爆炸就会发生。科学家们将这个设备昵称为“小男孩”，他们有足够的信心在工作中判定，它并不需要任何测试。他们还设计了一件以钚为燃料的装置，他们希望，该装置能够通过迫使钚的原子核在不到百万分之一秒的时间内变成一个更加紧凑、完美对称的质量体，以此引发核爆炸。对于这个被昵称为“胖子”的钚装置是否能够正常运行，奥本海默并没有那么信心十足，于是他决定对其进行测试。

1945年7月16日，在洛斯阿拉莫斯国家实验室以南的爆破范围内，科学家们将这个钚装置——一个看上去很蹩脚的、由金属和电线组成并由螺丝和胶带固定的家伙——抬到了100米钢塔的顶部。没有人知道可能会发生什么，因为在前一天的空转试爆中，这枚炸弹并未成功引爆。一些科学家表示担心，如果爆炸成功，也会同时点燃周围的大气。但是，当炸弹按计划于早上5点30分引爆后，原子时代由此成功地诞生了。奥本海默和他的团队仅仅用了27个月，就实现了他们的目标。

继第一颗原子弹于1945年8月6日在日本广岛爆炸后，杜鲁门总统就曼哈顿计划发表了演说：

> 最大的奇迹并不是这个“企业”的规模，或是它的保密性，或是它的成本，而是那些“科学大脑”们将不同科学领域的诸多人士所拥有的无限复杂的知识汇集起来，使之成为一个可行计划的成就。同样堪称奇迹的，还有强大的工业设计能力，劳动力的操作能力，将机械和方法应用到那些在之前从来没有做过的事情——这是无数智慧的物理结晶。科学和产业同时在美国军方的指挥下，在极短的时间内，获得了巨大的知识方面的进步，在如此繁杂的问题上取得了独特的成功。这样的奇迹能否在世界上再次发生，是一件值得怀疑的事情。这是历史上“有组织的科学”取得的最伟大成就。

在不到三年的时间内，格罗夫斯和奥本海默成功地完成了历史上最大的科学和工程项目。原子弹的引入，改进了武器的杀伤规模，这是战争史上之前从未见过的力量。在炸药、飞机、坦克、远程火炮、装甲战舰、潜艇和步枪的初次使用后，都是历经数年，在某些情况下还要更长的时间，人们才能感受到它们的影响力；而在原子弹的首次使用仅仅几个小时之后，就将战争战术和地缘政治彻底改变；另外，它还奠定了利用新能源去发电的基础。

* * *

在世界各地许多人的心中，往往由于过去的人生经验，都怀有一种强烈的倾向，那就是认为所有的政府——无论是联邦政府、州政府还是地方政府——都是由那些优柔寡断的、盲目僵化的工作人员组成的不称职的官僚机构。而政府的政策，往往是缺乏现实世界生活经验的政治家们，毫无原则地迎合选区选民，并在牺牲长远的集体利益、避免短期个人痛苦的前提下炮制而成的；而曼哈顿计划显然是个例外。

然而，在任何新的创业企业中，企业家的技能和工作方式，则为最终的成功或失败奠定了基础。无论这些创业项目是在硅谷的一间车库中萌芽，还是作为一个庞大的联邦政府计划出现，都必须要有具备发展信念的人士挺身而出，合理运用权力，才能获得积极的成果。在曼哈顿计划中所展示出来的政府能力，无论是在美国，还是在其他地方，都很少能见到。政府拥有汇集无可比拟的资源并专注于眼前问题的独特能力。然而，它往往需要一个危机，最高领导层才能展现出非凡的力量，因为存在着高风险和不可避免的失败的可能性。当有人挺身而出来承担这些前期风险时，这样的决定可能被证明是非常不受欢迎的——接下来，他们还要花掉大笔的真金白银，招架随之而来的负面压力，往往需要押上自己的政治资本，才能将计划强制执行。富兰克林·罗斯福在曼哈顿计划中之所以能够实现目标，正是因为他展现出了企业家身上随处可见的倾向和技能。在格罗夫斯将军的执行能力和奥本海默的管理风格背后，正是美国政府在迅速将实验室阶段的技术转化为实用但可怕的最终产品的任务中，表现出了不同寻常的能力。而这件产品也最终彻底改变了军队的武器装备，并奠定了全球核电的基础。

TRANSFORMATIVE ENTREPRENEURS

第13章 政府的作用

创新已经变成了美国的一个显著特点，它绝不仅仅是发明，而是将创造力投入使用。

——哈罗德·埃文斯爵士

在发展中国家，包括巴西、中国、印度和东欧那些蓬勃发展的经济体，每天都有许多创业企业家打造出新的企业，而有的已经建立起规模庞大的企业。它们的成就是值得称颂的，但在大多数情况下，他们公司的竞争优势并非来自创新，而是因为它们能够以最低的成本提供产品和服务，接受被压低的利润率，或是引入了那些已在世界其他地区被证明成功的创意。从定义上来说，比起那些享有专利的产品和服务的同行们，它们是处于一种不那么稳固或可持续的位置上。丰富的创业活动和经常性地以创新追求卓越的行为，并不会存在于真空中；而缺少了特定的条件，它们也不会得到落实。如果一个国家的公共政策目标，能够瞄准长期的系统培育创新和创业精神，那么实施一个深思熟虑的、适合现有文化规范的政府政策的多维组合，就成了重中之重。不幸的是，这些条件很少能够富有成效地共同存在。正如生活中大多数的事情一样，那些现成的“公式”往往很难提供一个“放之四海而皆准”的方向，并达成预期的目标。然而，那些曾经在各方面取得过良好进展的人士，他们的做法和教训则为构建一种企业家精神驱动的经济，提供了具有启发性和艺术感的实例。美国、以色列和中国所追求并实施的迥然不同的方法，为我们提供了翔实的观点。

“美国制造”

美国，这个生来就充满了叛逆的国家，是由一群准备作出最大牺牲的人创立的。自19世纪末期以来，她为整个世界贡献了不成比例的创业能量，并将基于新的商业模式和尖端技术之上的变革型创新加以制度化。虽然许多其他国家，已经通过人民起义从殖民大国那里获得了独立，但它们中的很多仍旧缺乏实现长期经济繁荣的重要的“下一步”：一个能够培育自由、确保私有财产保护并实施法治的政府体制。批准于1789年的《美国宪法》，以及修订于1791年的《权利法案》，如果不能算作运用到非严格意义科学的政体当中的人类智识巅峰，恐怕也可作为世界上最令人印象深刻的“创新”。宪法赋予了美国一个政治体制，它能够对资本主义的培育起到支持的作用。如果没有它，企业家的源泉就不可能出现。政府的政策和法规提供了一个极其重要的——几乎是决定性的——推动创新的基础，因为它同时创造强有力的激励机制和约束机制，影响到了新公司组建的创业活动。

自由被证明是最强大的磁铁，它吸引了源源不断的世界移民，并不断地将新能量和新想法注入这个国家，为其提供了一个创新经济的命脉。英特尔公司退休的首席执行官和董事长，曾是该公司第三名创始员工的安迪·格鲁夫，就是从匈牙利来到美国的一位贫穷移民。他曾经说过："朋友们告诉我，我所需要的一切，就是能力。美国人根本不知道他们有多么幸运。"虽然声称比起其他大多数地方，美国是纯粹的精英统治，总的来说有些夸大，但事实也的确是如此。对于那些自信满满和身怀必要技能的人士来说，生活在一个精英统治的国家为他们提供了巨大的吸引力。就其本质而言，移民往往是愿意承担风险的人，他们往往是更加勇敢的开拓者，比大多数人更加崇尚自由。而且，他们身上所具有的新观念和文化规范，随着时间的推移，对社会起到了加强和推动作用。总之，他们为企业家精神提供了深厚的基础。

美国的另一个显著而持久的吸引力，在于其大学和学院的广度和质量。虽然美国的教育体制目前仍在为保持其小学和高中的全球竞争力而努力，但其许多具有一流设施和杰出教授的一流大学，却能够从世界各地招收到一些最聪明的学生。他们最初的目的是来接受顶尖教育，然后就会在美国留下来，因为这里的就业机会往往要优于本国。从创始的那一天开始，美国就了解到，对来自其他国家的人士持欢迎态度会令自己受益，会为它带来独立、公平的竞争环境和高等教育，以及足以吸引异域上层人士的乐观精神。

但移民只能够说明美国成功的一部分。这个国家还通过执行强有力的法治，通过明确的法律制度对企业家们进行支持。早在18世纪，美国宪法的起草者们，就预见性地增加了关于知识产权和破产的条款，以有助于保护那些愿意承担风险的人们，从而为承担最初的风险提供了进一步的激励。而且，特别是围绕关于破产的条款，在随后的岁月里出现的监管框架，为那些曾经努力尝试但并未获得全新开始的人士指引了一条道路，而且并未造成太多经济上的负担或是资源上的浪费。

在20世纪70年代中期，美国国会修改了法律，允许养老基金——这是美国规模最大、增长最快的资本池之一——灵活地将自己的部分资产投资于较高风险的领域，这有助于风险资本和其他投资渠道的形成和规模化，使企业更加方便地得到融资。新增加的资金，对创投模式起到了塑造作用，它在公司的形成和成长的早期阶段便对创业者加以支持。而成熟的并受到高度管制的公开的股票市场，则使得提供初始资金的投资者们能及时兑现他们所创造的价值，同时也能提供较低成本的资金，以使企业持续发展壮大。通过对资本利得规定较低的税率而起到鼓励投资作用的税收结构，以及允许员工从股票期权中获益的法规，则进一步夯实了这一基础。

作为研究和开发工作的一个主导投资者，政府发挥着另一个重要作用，特别是在技术密集型领域，包括医药、军事应用、计算机硬件和软件、先进材料和替代性能源等。诸如美国国立卫生研究院（NIH）、美国国防部高级研究计划局（DARPA）和美国航空航天局这类机构，它们将大量的财政支持注入私营部门——包括许多新兴成长型公司——以及往往附属于大学和国家实验室管理的研究团体。联邦政府慷慨的数十亿美元支出已变得越来越重要，与之形成对比的是，多年以来很多大型企业都在削减纯研究性支出，并把重点放在产品的研发上，因为它能够提供更快的回报。仅仅是在2010年，美国政府就在研究相关的活动上花费了大约1500亿美元。然而，从长期来说，国家经济和以技术为导向的企业家们，却正需要稳定的基础研究和应用研究项目，以实现科学的进步和发明来创造创新的机会。如果没有对前沿科学和技术方面的投资来扩大知识基础，整个世界不断改善人民生活水平的能力，就会随着时间的推移而渐渐止步不前。以竞争的眼光来看，在这个重要领域滞后的国家，也将同样被世界甩在后面。

从文化层面来说，尽管美国人喜欢为“弱者”加油，但他们却更欣赏那些赢家。而且，他们最尊敬的赢家，就是那些以极少的资源起家，然后做出有自己特色的东西，最终成功的创业家。甚至像比尔·盖茨和马克·扎克伯格这样自称书呆子的人士，都成了想成为企业家的人们的榜样，因其尖端成就而受到膜拜。那些建立起创新企业的人士，他们的大量成功实例和成就也被广为宣传，但还远没有达到能够“确保”展示创业成功吸引力的程度——特别是和那些电影明星、政治家和犯罪分子们所占据的头条新闻比起来。

这些特质与力量融合在一起，赋予了美国一个独特的属性，它能够促进基于创新的技术和思想的新企业的建立，并鼓励个人勇敢地“走出来”，尝试着去做一些已经被证明是“很难实现”的事情。人们很难去评估，在这些支持大多数企业发展和创新的诸多因素中，哪些起到了最关键的作用——正是这种罕见的组合方式，才使得它能够发挥作用。

大卫的土地

许多国家看到了发展自己的创业社区并培育创新行为的巨大机遇，它们也渴望通过复制美国的风险投资模式来达到这个效果。但上述组合方式是如此罕见和难以实现，甚至在很长一段时间内，其他国家将其加以复制并得到所希望的同样效果，似乎还不太可行。尽管其他国家可能会去复制一些曾经支持美国取得辉煌成就的条件，但千万不要指望太大的成功概率，因为必要的属性需要完美地结合在一起，才能产生积极的效果。这自然是一项艰巨的任务。

有趣的是，以色列这个人口尚不足800万并且面对大量地缘政治挑战的国家，却能够脱颖而出，以其区区的土地规模和经济规模，成为世界上风险投资业最为发达的国家。早在2010年，以色列的风险资本投资已超过120亿美元，成为单位国内生产总值中风险投资金额最高的国家，甚至比美国的水平还要翻上一番。将以色列作为总部所在地的公司，是纳斯达克上市企业的第三大来源，这仅次于美国和加拿大。这样一个政治动荡并存、边境线上充满敌对势力的小国，却能够成功地建立一个繁荣的创业社区和一个非常强大的技术基础，其中的原因何在呢?

大量的研究和文章都在试图解释，是什么使以色列如此成功，包括最近丹尼尔·塞诺和索尔·辛格2009年出版的著作《创业的国度：以色列经济奇迹的启示》。这些解释表明，一系列的政府行为，与一些被某个创业者群体的基本原则放大的不寻常的文化特质，形成了完美的组合。这种主题的重叠，与美国在这方面所取得的成功不谋而合，是一件毫不奇怪的事情。

首先，以色列政府已经把“为创业和风险投资创造一个有吸引力的氛围”列为优先事项。至少，与大多数其他国家的政府相比，以色列政府很早就意识到，鼓励初创企业这个途径，正是维持可持续就业和刺激经济增长的最佳途径。以色列从美国小企业管理局

（Small Business Administration）的计划中得到启发，于1993年迅速启动了一个风险投资行业的协助计划，政府为此提供1亿美元专项资金，以支持新创企业。通过为风险投资公司提供配套资金，以色列政府有效地将一个小小的资本变成了一件更有意义的东西。这些新建立的风险投资公司得到了更加廉价资本之后，也就为创业者群体提供了一个有用的资源库。最近，以色列政府还多次拨款，在全国范围内为小公司建立了约23家孵化器。这种做法为“胚胎阶段企业”形成了共同支持，并有助于它们之间更多的合作。

其次，以色列军方在对新技术的资助方面，也有着悠久的历史。它们认识到，需要利用比其邻国拥有更先进的武器装备，来武装其相对规模较小的军队。此外，也许最重要的是，军方有一种将决策权下放到“二十出头”阶层的指挥理念，这有助于创造更加自信的领导人——当这个理念放在创业上时，好处是相同的。挑选候选人，使其加入以色列国防军中几个精锐部队的计划，更有助于在这些国家最优秀人才之间建立起强大的联系和信任。他们已经形成了一离开军队就自己创业的传统，并且已经具备了一张关系网，能够与国内许多最有才华的人士建立联系。

再次，作为一块移民土地——特别是这些移民主要来自前苏联——以色列从这些受过良好教育、充满冒险精神，并渴望参与经济建设的移民中受益匪浅。和美国的情况类似，源源不断的移民，为未来的企业家群体提供了基础。当他们打算创办自己的公司时，有着和其他大多数人迥然不同的心态。此外，以色列的文化对那些遭遇失败的初创公司，有着包容的态度。它不会对那些努力尝试但遭遇失败的企业家们作出惩罚。事实上，自己创业已经成为商业传统的一部分，因为这个国家认为，企业家精神是经济增长、国家繁荣与安全的重要贡献因素。

第四，以色列非常重视教育，尤其是高等教育，其劳动力总数的24%拥有大学学历，而这一比例仅次于荷兰和美国。以色列在工程师人口占比方面也保持领先，这一比例高出美国和日本近一倍。

巨型的红色机器

美国和以色列所采取的刺激创新和创业的手段、方法和优势，在其他地方却不一定有效。

拥有13亿人口的中国，在过去十年间已经取得了接近10%的平均年经济增长率，尽管缺乏上述两个例子中的积极因素——有意义的外国移民、知识产权保护、破产法规、政治宽容、法治的连贯实施，或是运转良好的风险投资生态系统——却表现出惊人的新兴商业活动和能量。领先的中国企业，其强劲的收入和利润增长水平，主要反映在从计划经济向市场经济体制转换的国有企业改制，政府提供的成本极低的资金，数以亿计的人口从农村进入中心城市的大规模迁徙，以及国际商务交流重商主义方式。然而，中国正在对这个方程式中的几个部分进行着迅速的改变。中国认识到，如果仅靠低成本制造来支撑，它的经济就仍然会保持脆弱的状态。追求高附加值的企业和经济转型计划已经落实到位，而这对该国成为21世纪经济强国有着深远的影响。

大多数的中国企业，尚未转化到以先进技术或新发明为基础的增长。但是，外国跨国公司已经采取了积极的措施，在中国建立日益庞大的办事处和研究机构，来落实其全球产品开发的重点。假以时日，在这些中心逐渐积累起经验后，它们将推出新的技术和产品，为创新和更多的创业活动提供基础。随着中国的大学体系逐步成熟，高校学生主体将得到进一步扩展，而这些人才——尤其是在生产工程、科学和数学方面接受过训练的毕业生——终将成为劳动力大军的中坚力量。这将进一步对研究工作和技能开发起到培训和促进的作用，随着时间的推移，创造自主知识产权的能力会得到提高，整个国家也将从磨灭人们见解和创造性，逐渐转变为维护这一重要和宝贵财富的做法。随着中国金融体系持续快速发展，包括它的证券交易所、主权财富基金和迅速激增的创投机构，支持新企业形成和成长的资金来源也很可能会蓬勃发展，并将成为一系列风险偏好的本土企业家和投资者施展的舞台。中国充足的资本，已经为新企业提供了丰足而廉价的资金，而一个以外国公司为代价培育中国企业的明确政策也防止了竞争，使本土公司能够有充足的时间来强化自己，扩大规模并积累经验，以面对那些急于打入这个世界上最重要长期市场的更为成熟的国际挑战者们。

最后一点，或许也是最重要的一点在于，政府控制下的中国经济，其目标集中在某些特定产业领域，以保证经济上的高增长，而这意味着可观的政府补贴，以确保这些被视为长期的和战略性的产业——如清洁技术、医疗保健和信息技术产业，获得超过“公平”份额水平的资源。这些补贴可能以较低的税率、免费的不动产、与国际标准相比更宽松的环境和劳动法，以及获得低成本资金的形式存在。总之，这一揽子计划，将使得新公司展现出显著的竞争优势，而竞争环境则会有意图地向它们的方向倾斜。随着时间的推移，凭借丰富的经验、先进的技术、大量可借鉴的创业榜样，以及丰富的财政资源和监管优势，该国预计将会为一个更加广泛的创新引擎准备好所有的必要条件和基础。

* * *

美国、以色列和中国，为我们提供了三种不同质级和优势的建立创业型经济的榜样，各自反映了其独特的起源、资源、政治和文化。每个政府的政策、理念、举措和领导风格，分别搭建了特色迥异的舞台，来为拉动经济增长、提高人民生活水平和实现技术优势准备好这一块重要的拼图。而对于世界上的其他国家来说，如果想在同一个场地上参与竞争，它们还需要推动建立自己目前尚属落后的规则组合和激励措施，并考虑到所有政治和经济方面的后果。

TRANSFORMATIVE ENTREPRENEURS

第14章 唯创新不死

及时行乐，抓住今天。

——贺拉斯

对于创新的驱动，从未有现在这么大。这个话题贯穿于企业的董事会会议室，商学院的课堂，主权财富基金和市政养老基金投资委员会，讨论税收法规、移民配额、开支计划以及教育改革的政府政策会议。这种讨论在世界各地的各个层面都在不停地发生着——无论是个人、私营企业，还是慈善组织。这些团体都有各自的需要和愿望，来防止自己变得越来越陈旧，他们希望开拓更多的可能性，以实现扩展和创新。他们都承认，在竞争日益激烈的世界中，静止不动就等于放弃。创新并不是一个可有可无的选项。

欢迎来到创新时代

自18世纪后期以来，历史性的技术进步开启了五个不同的经济革命，每一次都带来了生活水平阶跃函数般的改善，而与之相关的国家也有幸享受并部署了这些技术突破。第一次工业革命始于1771年，当时阿克莱特的水动力纺织厂的问世，将机械化和工厂自动化带给了这个以手工制作为主的世界。而在1829年，“火箭”蒸汽机车发起的第二次工业革命，更是推动英国来到了全球经济领导地位的顶端。安德鲁·卡内基的钢铁厂，以及与托马斯·爱迪生生产和运用电力有关的诸多发明，于19世纪70年代中期开创了“钢铁和电力时代”，这是第三次工业革命——由此过渡到美国的经济领导阶段，在生活水平上也产生了一个巨大飞跃。第四次则是石油和汽车的时代，主要是由亨利·福特的T型车于1908年发起，这进一步巩固了美国制造业的领军地位，直到第二次世界大战及战后时代。而肇始于20世纪70年代初的“信息时代”，也是由美国首先进行了商业化。随着英特尔公司的微处理器的推出，以及光电、光纤和计算机软件为辅的一系列发明，促进了向后工业经济时代的转化，服务业也逐渐超越制造业，知识型员工取代了工厂劳动力。而互联网，这个技术进步第五浪的产物，也由20世纪80年代主要运用于学术、军事和科学领域，到20世纪90年代中期一跃成为商业动力的源头。今天，它更是成为了支持创新的骨干力量。对于消费者和企业来说，由于新应用的开发尚处于初级阶段，互联网的相关服务昭示着更大的财富，继续在世界各地吸引着大量的创业活动。另外，企业在新产品和新服务开发的大量支出，也将利用不断变化的生活、通信方式和民众的购买行为。

位于这些革命背后的技术突破在真正发生之前，从表面上看并不是那么明显，也不容易被人们预知。虽然这种突破并不能被人们预先宣布，但它们的出现频率似乎遵循着“每五十年左右一次”的规律，并且每次都能够引爆一轮全新的改进，并推动全球经济前进一大步。而每一次技术突破，几乎都是由那些背负较少僵化商业模式、现有企业保护或组织孤岛等包袱的企业家们来培育的。

在过去的250年间，每一次技术主导的革命，都能够对社会产生深远的影响——提升生产率，提高效率，并大幅削减相关商品和服务的成本。而刺激这些革命发生的基础技术，在每次革命发生后的三四十年间——当创新者们学会了如何利用这些新工具、创造新商业模式，并鼓励政府在新的基础设施方面投资时——都会给人们的工作和生活方式带来断裂式的改变。

虽然每次技术革命都是在某个地区开始的，但相关的商业模式随后却会发展蔓延到其他国家和市场。多年来，这种增长的步伐在不断地加快，这也许会减少革命的原发生国的竞争优势，但却为那些迅速“上车”或开发出优越产品的公司带来了占据更多全球市场份额的潜力，提供了更高的利润率。然而，知识产权保护，尤其是跨国知识产权保护这件事，像“房间里的大象”那样，并不引人注意却迫在眉睫。因为，如果没有这种保护，创造新技术的动力就会很快消失——那些为创造新技术付出前期成本的人，将因世界上其他地方的人不冒风险却篡夺利益而驻足不前。

毫不令人诧异的是，在许多新技术——特别是铁路、汽车、互联网——引入之后所带来的喜悦感和兴奋感，给金融市场带来了繁荣，投资者们纷纷打算将传统工业进行超前“大修”。从社会的角度来看，这些泡沫带来的并不完全是破坏作用，它们会带来大量可用的廉价资本，用来支持创业活动，可以看作一种有意义的“副作用”。虽然在每一个泡沫破灭之后，许多投机者的投资最终一无所获，但社会作为整体是受益的，因为这些人贡献出来的资金，对当地的基础设施起到了支持作用——例如光纤通讯网络；而且，众多成功的公司成为了新市场的领导者和未来的开拓者。

在技术革命持续刺激进行颠覆性创新创业活动的同时，很多新商业模式也出现了，但它们往往并不是基于全新的发明，而仅是基于全新的想法和创意。不断变化的政府规制与人口结构，或是经济方面的错位，经常会是产生创业机会的催化剂，企业家们的眼光和技能可以让事情发生。逐渐地，当某个地区的一个成功企业在世界上变得广为人知时，当地的企业家们就会将它的模式应用在自己的区域，或是特定的市场情况，例如瑞安航空就曾经拷贝西南航空公司的欧洲战略，随之而来的是亚航在东南亚地区进行效仿；最近成立的巴西阿祖拉航空公司，也将低成本航空策略在这一地区实施。

信息时代的强大技术，使全球商务地带变得平坦化，重新调整或削弱了许多成熟企业的竞争优势。通过宽带互联网高速连接的社交网络世界中，信息在快速无缝地流动着，加快了创新获得牵引力和扩展的步伐。例如有些公司，在历史上曾经将信息和娱乐内容以“印刷”形式传递，诸如报纸、书籍、音乐音频光盘和电影视频光盘，现如今都成了最明显的“濒危物种”，因为它们越来越多地面临来自提供相同内容数字化服务的公司的压力。相反，对于那些灵活和勇敢地走向前沿的公司，如谷歌公司、奈飞公司、苹果公司和亚马逊公司——请注意它们的创始人的长期存在——熊彼特曾经描述过的“创造性破坏”的力量，正在得到完美的发挥。

大幻觉

美国从来没有垄断过“大脑”，但在近些年，美国在资本流动、各种消费市场和产业市场、前沿技术、分销渠道、技术工人、研发投入、制造业部门和管理流程等方面保持领先地位。尽管它还处于世界主要经济体人均国内生产总值排名的第一梯队，但随着全球化过程已经开始将世界变得扁平，许多创意在激情碰撞交流，所谓的“最佳实践”也在不断变换，无论是发达国家还是发展中国家都经历着经济发展，以上这些领先地位，不是早已消失就是被大大削弱，而有些更是一去不复返了。此外，包括美国企业和企业家在内的西方，尽管势力依然强大，但它们无法一直对创新议程做到绝对控制。参与创新的成员组合变得更加广泛和丰富，他们梦寐以求能够雕刻出属于自己的有利可图的市场。

世界经济论坛在2009年出具的一份报告中这样写道：

> 从长远来看，生活水平只能通过创新来提高……企业……必须能够设计出前沿的产品和工艺，以保持竞争优势。这就需要一个有利于公共和私营机构支持创新活动的环境。特别是，这意味着在研究和开发方面有足够的投资，需要高品质科研机构的介入，大学和产业之间在研究方面广泛的合作，知识产权也需要得到保护。

以上也意味着，有关促进和容纳移民，改善教育体系，使资本市场尤其是风险资本顺利运作的监管政策，必须在政治上列入“待办事项”。

时至今日，仍然有许多人质疑美国在未来世界经济中的领导作用。他们的眼睛死死盯住它公共教育系统的不足之处，它那僵化且两极分化的政治党派，它那被挖空的工业制造基础，贪婪的华尔街金融工程师们，这个以打官司为乐的社会，文化上更加普遍的懒惰性，以及缺乏担当的性格——所有这些，面对那些新出现的、饥饿的经济体，以及不断强化的政治和经济力量，都是显著的劣势。对外国石油的依赖、人为的气候变化、国际恐怖主义，以及核扩散不断升级的恐惧感，会给人们这样一种感觉，作为一个世界大国和经济大国，美国已经“见顶”，它的未来似乎只有一个方向。他们预测，美国帝国将会走向衰落。

虽然有些学者大声宣称“世界末日要来了”，但最有可能的答案却是“不”。从历史经验上看，美国有着悠久的创新和创业传统，而这些特质正是这个国家在面对世界上越来越多的已经采用民主制和学会利用资本主义的国家时，仍然能够保持竞争力并支持经济增长的关键。前进的道路弯弯曲曲，上面还遍布坑洞和减速带，这为志愿给我们指路的企业家和商界领袖们设置了额外的负担。但“小剂量”的乐观情绪，在历史上却预示着一个光明的未来。

历史表明，另一波技术大潮将在未来十年内从阴影中浮现，将全球经济带到一个全新的水平，原创的想法和发明的来源可能来自世界上的任何地方。然而，无论是在文化上、学术上还是商业上，美国都将保持一个非常强势的地位，因为它背后拥有强大的创业实力，能够迅速将此类创意商业化，以“自产自销”或是其他方式令其达到成熟的、规模化的创新阶段，并在横跨多个行业中以乘数效应来享受它的收益。

激情至上

在世界上的几乎任何地方，现在都是成为企业家的一个绝佳时刻。面对一长串问题需要解决的世界，为那些急于做出成绩的人们提供了巨大的潜力。来挑挑自己最喜欢的吧：全球变暖、饮用水供应、能源供应、医疗保健、计算机安全、教育改革、替代燃料，以及许多其他的项目。随着技术进步的速度越来越快，产品开发周期不断压缩，新的创意不断冒出——如何驾驭新的工具并应用它们创建令人兴奋的公司，比如在以下领域：医药、仿生学、太空旅行、语音识别、云计算、数字媒体、无线通讯、光伏产业、生物燃料和高端材料等。

在技术驱动的舞台之外，每天还有大把的机会瓜熟蒂落，等待某个人或某家公司冒险尝试，推动它走向成功，而不是被失败的恐惧所牵制。在那些发达国家，很多行业整体，如金融服务、旅游、信息服务、物流和医疗保健服务，都做好了被革新的准备。事实上，大多数行业会从周期性的现代化中大大受益。我们在新的餐饮和零售行业，以及时尚和娱乐行业的概念中，多次看到了这一点。然而，在制造业和国民经济中的其他服务领域，在用更多创造性的方法来满足客户不断变化的需求和口味方面，还有很大的提升空间。对于新兴经济体来说，创新的新企业们可能需要利用“试错实践”来检验那些来自欧洲或美国的概念，并为本地市场调整它们，或利用本国独特的风俗和资源优势，引入本土的创意。这方面的案例包括快餐店在东欧地区雨后春笋般的出现，在印度生产的成本极低的汽车，以及在巴西以甘蔗为原料的乙醇生产。更广泛地来说，就是：围绕增强客户自助服务的新业务主题；资产共享，如奈飞公司的DVD租赁业务和Velib公司在巴黎的自行车业务；社会企业；人口结构的变换；环境保护；资源的循环利用。这些都为企业投资和领导力提供了广阔的运作空间。

出人意料的是，在过去的30年间，支持创业活动的资金的可得性，在美国已经很少再成为一个限制因素。相反，高素质管理团队的数量，以及有吸引力的、能够占领足够大市场的商业模式，决定了发展的速度。只要全球资本市场保持充足的流动性，利率保持接近历史低点，建立和发展企业所需的资金可以说比比皆是。尽管这并不意味着任何人都可以筹集大量资金来启动他们喜爱的想法或中意的项目，但在北美，并且越来越多地在欧洲、印度、中国、巴西，以及最近在非洲，那些高质量的管理团队发现，从风险资本家和天使投资人那里获得足够的财务支持并不是一件难事。如果之前支持新企业的经验能够在发展中国家继续得到发扬光大，那么融资的过程会变得更加顺畅，同时筹资规模也能够得到增长。

* * *

看到优秀的创业家在工作中展现出的乐观和热情，是一件富有美感的事情。他们热爱他们正在从事的工作，他们也希望你能够对它情有独钟。本书所引用的创业家案例，无论他们最终是有幸成功，还是不幸失败，都将直觉的理解、伟大的渴望和每周七天、每天二十四小时的投入精神结合在了一起。这些因素让他们最终成为企业家，他们心甘情愿地冲在前面来引领时代。他们不希望以任何其他方式实现理想，他们甚至无法做到控制自己。

托尔斯泰说："产生伟大结果的创意，总是非常简单。"在现实中，有时它们是非常复杂或微妙的，但伟大的结果只能来自于坚定的执行，无论这件事有多么复杂。区分企业家是否伟大的标准，并不是想法或创意本身，而是他们执行这个创意时的方式。他们坚持不懈地打造、调整这个创意——粗调和微调，并用商业规则的条带将其包裹。正如亨利·福特曾经说过的那样，"缺乏执行力的愿景，仅仅是幻觉而已。"

出色的执行力，源于伟大的领导力。它肇始于任何组织的最高层，无论是在车库中做出创业努力的两个男孩，还是跨国大企业那富丽堂皇的高管办公室，或是某个新兴经济体的一间光线昏暗、油毡地板开裂的创业公司办公区，抑或是政府机关的办公大楼。这时必须有人站出来，并筛选出那些最好的创意，掌握必要的资源，承担风险，进而令事情最终发生。当有人正确地作出了成千上万个小决定，让新企业成功下水，并加入超人的毅力，创新才能够成功实现。规模大的公司也可以引进重大创新，但此时需要有人在高层组织中发挥创业家的作用，从原有官僚体系中打开出口，并激励公司下层的人们敢于去冒这个险，同时避免对失败的尝试进行过度惩罚。同样的领导力要求，也适用于政府的决策过程。那些掌握权力的人们需要承担政治风险，来“哄骗”议会的同事和选区的选民。

世界上有很多人都是聪明、热情而自信的，并且对成功怀有渴望。他们把自己的眼睛睁得大大的，利用一切想象力在寻找新的机会，在无与伦比的信息流中筛选信息，以获得比以往任何时候更多的工具和经验。亚伯拉罕·林肯说：“那些等待的人们或许能够得到些东西，但那些都是先行者们剩下来的。”天才的企业家们知道如何去做一名先行者，当他们的梦想足够远大时，变革型创新也就会随之而来了。

TRANSFORMATIVE

ENTREPRENEURS

致 谢

本书中背后的想法，来自我哥伦比亚大学商学院研究生院的教学工作。这个带有传奇色彩的学院，允许我这样一个“菜鸟”来“把持”课堂，去满足支付高额学费的学生们的要求。幸运的是，这次尝试已经足够完美——虽然我从课堂上学到的常常比我教给学生们的还要多些。我将这本书归功于我的这些MBA学生们的贡献，因为没有他们，这件事将永远不会发生。我在哥伦比亚大学商学院的主要联系人穆雷·罗教授——他是学院“企业家精神项目”的负责人——将我引上了这条路，并帮我逐渐走上正轨，他时刻提醒我，在学会走路之前还是要继续爬行。哥伦比亚大学商学院的商业案例出版集团则将我原创的课件加以出版，包括本书中使用的几个案例研究题目。在此，我感谢他们的帮助和编辑指导。

帕尔格雷夫—麦克米兰出版社的执行总编劳瑞·哈廷女士，她的勇气给了这个项目非常大的支持。她以她的专业水准，提供了很多中肯的建议和独特的智慧，不但让我的文章结构变得连贯，还巧妙地去除了很多生硬拗口的细节。哈罗德·埃文斯爵士——获奖作品《他们创造了美国》的作者，还与我班上的学员们亲切交谈，把推动这个国家向前迈进的重要人物的故事讲得活灵活现。他的作品，是我这本书的一个重要写作缘起，还是书中很多主题诞生的“催化剂”。我也十分感谢克里斯托和珍妮—克劳德。他们来到了我的课堂上，并与学生分享了他们的独特视角。

我的几乎全部商业生涯都是在风险投资业中度过的。那些企业家和梦想家——男士和女士都有——就是我的“日常大餐”。我们之间的共同话题就是，他们希望让自己的新想法开花结果。在信息技术、通信、能源、消费品和工业产品的世界中，如潮水般的人们在寻找资金，以协助他们的雄心不断实现；这看上去简直像没有终点的瀑布。甚至，有时他们的技能只能用“有限”来形容，但他们的乐观却是有传染性的。就算他们瓶子里的水没了，他们也不会认为瓶子是半空的。他们能够自我激励。幸运的是，一些成功案例让我们这些资助了他们的人看上去很明智。

我在华平投资公司的很多同事——我在这家公司度过了28年——为公司贡献出了判断力、智慧和卓越的投资技巧，以上这些让我能够在职场中和企业家阶层有效对接。在这里，我要特别感谢我的长期工作伙伴比尔·詹韦和亨利·克雷斯尔，他们在风险投资的历史方面给了我很多指点，并不厌其烦地为我作出解释。

如果我在研究和本书的写作方面花了很多时间，那么一定有什么别的东西我没有完成，或是有些人没有得到我应有的关注。通常，这些人会是家庭成员或是商业伙伴，抑或是我最喜爱的慈善机构之一。我可以将我的讲课工作称为“爱好”或是“休闲活动”，并向人们耐心解释这种从主业中的“分心”，但我知道，周围的人们都非常有耐心并给予理解，为了让我能够拥有这份奢侈的休闲。在我的孩子长大并上大学之前，我并没有足够的时间来整理资料，完成这本书的写作。我很遗憾地看着他们离开家，很羡慕他们拥有的机会，当他们从学校回家时，我也总是非常兴奋。瑞秋和丹尼尔让我感到自豪——我是他们的父亲。

最好的致谢留到最后，是给我的妻子杰米的，她陪伴着我经历风风雨雨，无数次陪我出差，这都是为了让我更好地追求我的职业理想。在我永远不曾沉闷的宇宙中，她值得我永远感谢，她是我千变万化的生活中一个恒定不变的常数。

杰弗里·A.哈里斯

2011年，美国纽约